ES GESCHAH
AN DER MAUER

IT HAPPENED
AT THE WALL

CELA S'EST PASSE
AU MUR

Rainer Hildebrandt

D1721739

Katalog zur Ausstellung der Arbeitsgemeinschaft 13. August:
„DIE MAUER - Vom 13. August bis zu ihrem Fall"
im Mauermuseum - Museum Haus am Checkpoint Charlie
Zusammenstellung und Text: Dr. Rainer Hildebrandt
20. Auflage, im März 2003, insgesamt 1.110.000, 224 Seiten, 227 Fotos
© Verlag Haus am Checkpoint Charlie, Berlin

Herausgeber: Verlag Haus am Checkpoint Charlie
10969 Berlin, Friedrichstr. 43-45, Telefon 030/253725-0
Grafik: Mauermuseum - Museum Haus am Checkpoint Charlie
Übersetzungen: allround Fremdsprachen GmbH
Druck: Druckhaus am Treptower Park GmbH, Berlin
Scans, Lithos: DMP Digital Media Production, Berlin
Bindung: Buchbinderei am Treptower Park GmbH, Berlin
Printed in Germany

ISBN 3-922484-50-6

Rainer Hildebrandt

ES GESCHAH
AN DER MAUER

IT HAPPENED
AT THE WALL

CELA S'EST PASSE
AU MUR

**Eine Bilddokumentation des
Sperrgürtels um Berlin (West),
seine Entwicklung vom
„13. August" 1961 bis zum
„9. November" 1989 mit den
wichtigsten Geschehnissen**

A documentation in pictures of
the border enclosing West Berlin;
its development from the
„13th of August" 1961 to the
„9th of November" 1989, and
most important events

Documentation illustrée sur
l'enceinte entourant Berlin (Ouest) et
son évolution du «13 août» 1961 au
«9 novembre» 1989 et les principaux
événements dont il a été
le théâtre

Inhalt
Contents
Sommaire

1. Vorwort

Foreword

Avant-propos

VORWORT

Dieses Buch zeigt Geschichtliches der Mauer des 13. August anhand dokumentarischer Fotos. Daß eine solche Mauer durch ein Land und zugleich durch seine Hauptstadt möglich und realisierbar war, setzt Wissen voraus - manche sagen Bewußtheit - von einer in ihrer Art erstmaligen Betroffenheit der Menschheit durch den Zweiten Weltkrieg. Erinnert wird darum zunächst an die Folgen des von Hitler entfachten Krieges und an die von ihm zu verantwortenden millionenfachen Morde sowie an die Nachkriegszeit bis zum Bau der Mauer. Dies geschieht mit wenigen Bildern aus Deutschland, damals nur einer der zahlreichen Konfliktherde der Weltenteilung und des „Gleichgewichts des Schreckens" durch das Gegenüber der Atommächte mit ihren weltumspannenden Interessenssphären, wo vereinzelt auch Krieg geführt wurde und die Furcht vor einer Eskalation und einem Atomkrieg mitwirkten - im Lebensgefühl vieler Bürger bis zur Politik der Großmächte.

Wir schreiben die Mauer des „13. August" mit großen Buchstaben: DIE MAUER, um sie in ihrer Besonderheit von allen anderen Grenzmauern zu unterscheiden. Nehmen wir sie zu wichtig, zumal doch ihre Reste mehr und mehr verschwinden? Aber sie lebt anders fort und wir sind nicht überrascht, wenn Berlin-Besucher uns fragen: Wird diese Mauer einmal die Bedeutung der Chinesischen Mauer oder der von Troja haben? Ja, sagen wir, und viele Fotos dieser MAUER können erzählen, von dramatischen Geschehnissen unter, auf und über ihr bis zum „9. November", als über Nacht DIE MAUER geöffnet wurde und die Deutschen das „glücklichste Volk der Welt" waren. Viele fanden keine Worte dafür und sich Unbekannte konnten einander immer nur sagen: „Das ist ja wahnsinnig!"

Weltgeschichtlich war es die erste in Serienfabrikation hergestellte MAUER um ein Land und zugleich um eine Hauptstadt. Und dies durch nur

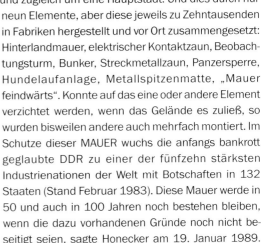

neun Elemente, aber diese jeweils zu Zehntausenden in Fabriken hergestellt und vor Ort zusammengesetzt: Hinterlandmauer, elektrischer Kontaktzaun, Beobachtungsturm, Bunker, Streckmetallzaun, Panzersperre, Hundelaufanlage, Metallspitzenmatte, „Mauer feindwärts". Konnte auf das eine oder andere Element verzichtet werden, wenn das Gelände es zuließ, so wurden bisweilen andere auch mehrfach montiert. Im Schutze dieser MAUER wuchs die anfangs bankrott geglaubte DDR zu einer der fünfzehn stärksten Industrienationen der Welt mit Botschaften in 132 Staaten (Stand Februar 1983). Diese Mauer werde in 50 und auch in 100 Jahren noch bestehen bleiben, wenn die dazu vorhandenen Gründe noch nicht beseitigt seien, sagte Honecker am 19. Januar 1989. Der Tiefenpsychologe weiß solche Worte als Verdrängung seines künftigen Scheiterns zu interpretieren, doch ein Scheitern in der Gewißheit, als mutiger Schöpfer eines in seiner Art einmaligen Grenzsicherungssystems in die Geschichte einzugehen.

Als am 9. November 1989 diese MAUER fiel, kamen Lawinen der Befreiung in Bewegung, und nach Moskaus „Drei Tagen im August" (1991) war der „Weltenteilung" ein Ende gesetzt. Was das Zeitgeschehen beherrschte und weltweit Menschen zum Schicksal wurde, war fort. Nun wurde auf einmal Weltgeschehen aus globaler Sicht interpretiert und der Ruf nach einer starken Weltpolizei lauter und häufiger und entsprechend wuchsen die an die USA und an ein sich einendes Europa gestellten Erwartungen.

Wer der MAUER nahe war, den beeindruckte, wie sie größer, stabiler und dann auch noch fugenlos und von außen bemalbar und so zur „größten Betonleinwand der Welt" wurde, aber damit zugleich ihre Selbstvernichtung in sich trug. Sie rief Aktivisten aus aller Welt nach Berlin und motivierte zu ihrer Bemalung und auch Bekämpfung. Und sie kamen.

In der Geschichte der Menschheit wird es die letzte Mauer dieser Art sein. Die Technik ist so weit fortgeschritten, daß die Überwindung von Mauern an Staatsgrenzen - aus welchem Material und mit welchen lebensgefährlichen Hindernissen auch immer - leichter und leichter wird: Motorgleiter neuester Bauart können in einem Rucksack verpackt und in wenigen Minuten zusammengesetzt werden. Und noch sind es 113 Millionen Landminen, welche beitragen, massive Grenzmauern zu ersetzen und die jährlich mehr als 20.000 Tote fordern.

Das Ende der MAUER war der Anfang vom Ende der Weltenteilung. In der DDR war alle Macht im Politbüro konzentriert und damit bei einer vom Zwang der Machterhaltung korrumpierten Auslese. Das galt auch für Günter Schabowski, 1. Sekretär der SED-Bezirksleitung Berlin, als er die Ausreisegenehmigung für ab sofort und so vorbehaltlos formulierte, daß es politische Lawinen herbeiführen mußte. Alles, was Politiker nun erkämpften, war durchdrungen von den Bildern eines Volkes auf der MAUER. Ex-Spionage-Chef Markus Wolf verfluchte Schabowskis Handlungsweise, als er ihm sagte: „Wir werden es trotzdem noch schaffen." - Wer war Günter Schabowski, der von sich sagte, nun nicht mehr weiterleben zu können, ohne das Schuldigwerden zu erhellen? Gläubige, die meinten, die DDR wäre noch zu retten, waren verbittert über den Eingriff des „Verräters" Schabowski und ebenso über die eindringliche Warnung des sowjetischen Staats- und Parteichefs Michail Gorbatschow, der zum 40. Jahrestag der DDR am 7. Oktober 1989 es wagte, vor Tausenden und neben Staats- und Parteichef Honecker zu sagen: „Wer zu spät kommt, den bestraft das Leben."

An Worte von Titus Livius im 1. Jahrhundert vor Christus ist naheliegend zu denken, wenn es heute gilt, das Zeitgeschehen zu erfassen: „Es gibt Zeiten, Menschen und Ereignisse, über die allein die Geschichte ein endgültiges Urteil fällen kann; den einzelnen Zeitgenossen bleibt nur, über das Geschehen zu berichten."

Mit seinen Fotos und Texten, vieles neu und mehrfach ergänzt, nun in einer Gesamtauflage von 1.100.000 Exemplaren seit 1966, konnte dieses Buch beitragen, DIE MAUER erlebbar zu machen, ihre Gestalt in ihrer Geschichte, ihre Auswirkung und ihr Phänomen. Einzelne Fotos wurden zu einem Multiplikator für weitere Veröffentlichungen.

Manche Besucher Berlins und der MAUER vermuten, die Aktivisten an dieser MAUER kennzeichne besondere Eigenschaften. Sie waren so unterschiedlich wie Menschen überhaupt. Doch was sie einte war, daß sie eine Herausforderung angenommen haben. Es würde in der Welt weniger Konfliktherde durch Diktaturen geben, wenn eine ähnliche wie den Berlinern zuteil gewordene weltweite Solidarität auch die Bedrohten anderen Ortes erreichen könnte. Die Bürger Berlins konnten besonders auf die Schutzmächte bauen, und dies bis zur Panzerkonfrontation der USA mit der Sowjetunion. US-Präsident John F. Kennedy: „Wir verteidigen die Freiheit von Paris, London und New York, wenn wir uns für die Freiheit in Berlin einsetzen." Die mit Millionen Ermordeten aufgebaute Sowjetmacht konnte von innen bezwungen werden, ohne daß es zu blutigen Eskalationen kam. Der Dank dafür wird nicht nur nachhallen. Er könnte einmal stärker werden, wenn das große Geschenk begreifbarer wird und fortlebt, wie gegen Gewalt ohne Gegengewalt und doch mutig geantwortet und Recht durchgesetzt wurde, ohne Unrecht zu tun. Die „17.-Juni"-Erhebung, die Ungarische Revolution, der Prager Frühling, Solidarnosc, die Leipziger Montagsdemonstrationen, der „22. Dezember" in Bukarest wurden Bausteine des Europäischen Hauses.

Rainer Hildebrandt

FOREWORD

This book shows the history of the Berlin Wall using documentary photographs. To understand how it was possible to conceive of and then build such a wall, dividing a country and its capital city, presupposes a knowledge - some say consciousness - of humanity's untold consternation at the events of the Second World War. Readers are first of all reminded of the consequences of Hitler's war and his machinery of mass murder, then of the post-war era up to the building of the wall. For this period the book uses only a few pictures from Germany, which at that time was just one of the numerous flashpoints of conflict making up the "balance of terror" between the atomic powers and their global spheres of influence, where at times recourse would be had to arms, leading to fears of an escalation into atomic war. Fears that played a decisive role both in ordinary citizens' daily lives and at the level of superpower politics.

We spell the wall of the "13th of August" with capital letters, THE WALL, to distinguish its exceptional features from all other border walls. Are we taking it too seriously, especially now that its remains are increasingly disappearing? It lives on in a different way however, and we are not surprised when visitors to Berlin ask if this wall will one day be considered as important as the Great Wall of China, or Troy. Yes, we say, and point to the many photographs documenting the dramatic incidents on, above and below it up until the "9th of November", when THE WALL was opened overnight and the Germans became the "happiest people on earth". Many people could not find words for their happiness, just saying to one another over and over again, "It's amazing!"

In the history of the world it was the first industrially produced WALL around a country and a capital city. It had just nine elements, which were manufactured by the thousand in factories and assembled on site: hinterland wall, electric fence, observation tower, bunker, expanded wire fence, tank barriers, dog-runs, barbed metal plating, "wall facing the enemy" ("Mauer feindwärts"). In certain places one or other of these elements could be done away with if the terrain permitted, but elsewhere they were multiply installed. Behind the protection of this WALL, the GDR - at first considered bankrupt - became one of the world's fifteen strongest industrialised nations, with embassies in 132 countries (as of February 1983). The wall would remain standing in 50 and 100 years, as long as the reasons for its existence had not been removed, said Honecker on January 19th 1989. Psychologists recognise in these words the suppression of his future downfall; but a downfall in the certainty of entering the history books as the brave inventor of an unparalleled border security system.

When this WALL fell, on November 9th 1989, an avalanche of liberation was set in motion. And after Moscow's "Three Days in August" (1991), the polarisation of the world into two blocs was over. The dominating aspect of the era, defining the fate of people world-wide, had come to an end. From now on, what went on in the world would be seen from a global perspective, with calls for strong global policing becoming louder and more frequent, and the expectations on the USA and on Europe, now in its process of unification, growing accordingly.

"This war will end with the border between the Soviet power and the USA being drawn through Germany."

Albrecht Haushofer
Writer, born January 7th 1903.
Professor of Political Geography and Geopolitics in Berlin, and until 1941 member of the Foreign Office. Arrested as a resistance fighter in 1944, and shot on April 23rd 1945.

Those living near THE WALL marvelled at its increase in size and stability, and how it became the seamless surface of the "largest concrete canvass in the world" which at the same time contained the seeds of its own destruction. For this canvass invited activists from all over the world to come to Berlin to paint on it and fight THE WALL. And they did.

It will be the last wall of this kind in human history. Technology is now so far advanced that overcoming a wall on a state boundary - whatever its building material or life-threatening dangers - has become easier and easier. Modern motor gliders can be packed in a rucksack and assembled within a few minutes. And of course there are still 113 million landmines contributing to making massive border walls redundant, and killing more than 20,000 people each year.

The end of THE WALL was the beginning of the end of the old, polarised world order. In the GDR, power was concentrated on the Politburo, and therefore in the hands of an elite corrupted by a desire to retain it. This no less applied to Günter Schabowski, 1st Secretary of the SED administration for Berlin, whose immediate and unconditional authorisation for travel out of the country nonetheless started a political avalanche. Everything the politicians now had to struggle for was pervaded by the images of a people dancing on THE WALL. Markus Wolf, ex-director of the secret service, cursed Schabowski's behaviour on being told by him, "We'll still make it despite all that." - Who was the Günter Schabowski, who could say he did not want to go on living without shedding some light on his guilt? Those who believed in the GDR, and thought it could still be saved, were bitter about Schabowski's action and held him for a "traitor". Just as they were about the urgent warning given by the Soviet state and party secretary Michail Gorbachev on the occasion of the 40th anniversary of the GDR on October 7th 1989. Standing next to state and party leader Honecker, before a crowd of thousands, he dared to advise that "Dangers only await those who do not respond to what life brings."

When making the attempt to comprehend the events of history, it is worth remembering the words of Titus Livius in the 1st Century BC. "There are certain times, persons and events about which history alone can make a final judgement. Our task as contemporaries is simply to report what happened."

Since 1966 this book has been printed 1,100,000 times. With its many photographs and texts - this edition including new and expanded material - it has been able to bring THE WALL closer to people in its historical importance, phenomena and repercussions. Individual photographs have also been collected into a multiplier for future publication.

Some visitors to Berlin and THE WALL assume that there was nothing characteristic about those active against it; that they were as various as all people are. But what united them all was that they had taken on a challenge. There would be less points of conflict in the world if the solidarity that the people of Berlin enjoyed also reached the oppressed in other regions. The citizens of Berlin were especially able to rely upon the protecting powers - even as far as tank confrontation, as between the USA and the Soviet Union. US president John F. Kennedy: "We are defending the freedom of Paris, London and New York when we fight for freedom in Berlin." Soviet power, which had been amassed through the murder of millions of people, was able to be defeated - without violent escalation - from within. For this, our grateful thanks will not only echo but increase in strength, if the great gift of knowing how violence was bravely and non-violently opposed, and rights were asserted without doing injustice in return, is recognised and passed on. The "17th of June" Uprising, the Hungarian Revolution, the "22nd of December" in Bucharest were all bricks to build the European House.

Rainer Hildebrandt

AVANT-PROPOS

«**Au terme de cette guerre, la frontière entre le régime soviétique et les Etats-Unis séparera l'Allemagne en deux.**»

Albrecht Haushofer
* 7 janvier 1903, écrivain. Professeur de géographie politique et de géopolitique à Berlin, jusqu'en 1941 également employé du ministère des Affaires étrangères; arrêté pour fait de résistance en 1944, fusillé le 23 avril 1945.

Cet ouvrage est consacré à une approche historique du Mur du 13 août 1961 à l'appui d'une documentation photographique. Envisager qu'un tel mur ait pu diviser un pays et sa capitale, que son érection ait été possible suppose la connaissance - certains diront la compréhension - de la situation des populations, unique par son caractère catastrophique, au lendemain de la Seconde Guerre mondiale. Voilà pourquoi il sera nécessaire d'évoquer ici les conséquences de la guerre provoquée par Hitler, des millions d'hommes assassinés sur son ordre et dont il est responsable, l'après-guerre jusqu'à la construction du Mur. Cette période est illustrée par quelques photos seulement de l'Allemagne, alors l'un des foyers de tensions parmi de nombreux autres après la division du monde en sphères d'influence et dans le cadre de l'«équilibre de la terreur» par lequel les puissances atomiques s'imposaient à leurs sphères d'intérêt, ponctué ici et là par des guerres authentiques, dans un monde obnubilé par la hantise de l'escalade militaire jusqu'à la guerre atomique, et sensible à tous les niveaux, du vécu de millions de gens jusqu'à la politique des grandes puissances.

Nous avons pris le parti d'écrire le Mur du «13 août» ici et là en capitales d'imprimerie: LE MUR, pour bien faire ressortir ce qu'il a eu d'unique par rapport à tous les autres obstacles frontaliers. N'est-ce pas exagérer son importance, alors même que ses derniers vestiges disparaissent l'un après l'autre? C'est oublier que le Mur existe toujours et nous ne sommes nullement surpris lorsque les visiteurs de Berlin nous demandent si ce mur ne parviendra pas un jour à la notoriété de la Grande Muraille ou de l'enceinte de Troie. Pour nous, la réponse ne fait pas de doute, comme le montrent d'ailleurs de nombreuses photos de ce MUR, des drames qu'il a causés jusqu'à cette nuit du «9 novembre», où LE MUR s'est ouvert subitement faisant du peuple allemand, «le plus heureux sur terre». Beaucoup n'ont pas trouvé les mots justes pour traduire leur émotion et répétaient comme hébétés: «C'est fou ... c'est fou...»

Historiquement parlant LE MUR a été la première enceinte encerclant un pays et sa capitale de fabrication industrielle. Il ne s'agissait pas seulement des éléments préfabriqués mais de tout le matériel provenant des usines et assemblé sur place: le parapet en arrière-plan, les clôtures électriques, les miradors, les bunkers, la clôture d'acier extensible, les chevaux de frise, les pistes pour chiens, les matelas de pointes métalliques à l'autre extrémité, du côté de l'adversaire. Là où la nature du site le permettait, on avait renoncé à certains obstacles mais c'était pour mieux les multiplier à d'autres endroits. Protégée par ce MUR, la RDA que l'on croyait condamnée dès la première heure est devenue l'une des quinze premières puissances industrielles du monde avec des représentations diplomatiques dans 132 Etats (état de février 1983). Le 19 janvier 1989, Honecker disait que le Mur resterait encore 50 voire 100 ans si les causes qui avaient justifié sa construction ne disparaissaient pas. D'aucuns diront qu'il s'agissait là de l'aveu inconscient de l'échec imminent, sans renoncer à l'orgueil d'avoir été l'instigateur d'un système de sécurité unique dans l'histoire.

La chute du MUR, le 9 novembre 1989, marque le début d'une vague de libération et, après les «trois journées d'août» 1991 à Moscou, la fin de la bipartition du monde. La force qui dominait le devenir politique et imposait leur destin à des millions d'êtres dans le monde, n'était plus. Le devenir politique et historique devenait planétaire et global, le désir de voir s'établir une puissante gendarmerie du monde devenait de plus en plus fort et, en conséquence, les attentes à l'égard des Etats-Unis et d'une Europe sur la voie de l'union.

Quiconque s'approchait du MUR était impressionné par ses dimensions, sa stabilité et son imperméabilité absolue, mais aussi par le fait qu'on pouvait l'illustrer de motifs, ce qui en faisait le «plus grand écran de béton du monde», au fond un obstacle trop voyant qui portait en lui les germes de son effondrement. Il constituait une véritable provocation pour tous ceux qui rêvaient de l'action politique, les décorateurs mais aussi les adversaires les plus acharnés. Ils sont venus et nombreux.

Ce sera certainement le dernier mur de cette nature dans l'histoire de l'humanité. Les techniques sont si perfectionnées que les enceintes fortifiées le long des frontières, quel que soit le matériau et les obstacles mortels qui y sont disséminés sont franchissables de plus en plus facilement. Les nouveaux aéroglisseurs prennent place dans un sac à dos et peuvent être assemblés en quelques minutes. Toutefois, les mines antipersonnelles que l'on chiffre à 113 millions dans le monde, se substituent aux murs en dur et font chaque année plus de 20.000 victimes.

La chute du MUR a été le commencement de la fin pour la division du monde. En RDA, tout le pouvoir était concentré au Bureau politique, c'est-à-dire une infime minorité sélectionnée et corrompue par la nécessité de se maintenir au pouvoir. C'était aussi le cas de Günter Schabowski, 1er secrétaire de la fédération de Berlin du SED, lorsqu'il a annoncé qu'il était désormais possible de quitter le territoire sans aucun motif particulier, provoquant l'avalanche que l'on sait. La politique basculait, le peuple était sur le MUR. Markus Wolf, ancien chef des services d'espionnage, a condamné avec amertume l'action de Schabowski en lui lançant qu'il serait tout de même possible de sauver la RDA. - Qui était alors Schabowski, qui disait de lui qu'il ne pourrait plus vivre sans avoir pris la mesure de sa culpabilité? Les irréductibles qui croyaient qu'il serait tout le même possible de sauver la RDA, ont été véhéments à l'adresse du «traître» Schabowski mais aussi de la mise en garde du chef de l'Etat et du parti soviétiques Mikhail Gorbatchev qui, pour le 40e anniversaire de la fondation de la RDA, le 7 octobre 1989, avait eu l'audace de dire devant plusieurs milliers de personnes et en présence du chef de l'Etat et du parti Honecker: «La vie se venge de ceux qui arrivent trop tard.»

Pour comprendre ce qui s'est passé, il faut peut-être se rappeler ce que disait Tite-Live au Ier siècle avant notre ère: «Il est des époques, des êtres et des événements sur qui l'histoire seule peut porter un jugement définitif; les contemporains sont condamnés à n'être que des commentateurs.»

Par ses photos et le commentaire, complété et mis à jour en de nombreux endroits, cet ouvrage publié à 1.100.000 exemplaires depuis 1966,

a contribué à saisir ce qu'était LE MUR, sa nature et son histoire, ses conséquences et les retombées de son existence. Certaines de ses photos ont été reprises par de nombreuses publications.

Certains visiteurs de Berlin et du MUR pensent que ceux qui se sont illustrés ici étaient des personnages bien typisés. Il n'en est rien, ils étaient aussi divers que l'est l'humanité. Ils étaient unis dans le désir de relever un défi. Il y aurait moins de foyers de conflit et de dictatures dans le monde si la solidarité dont ont bénéficié les Berlinois dans le monde entier était aussi puissante vis-à-vis de tous ceux qui sont menacés. Les habitants de Berlin ont pu compter tout spécialement sur la protection des puissances alliées allant jusqu'au face-à-face des blindés des Etats-Unis et de l'Union Soviétique. Le président américain John F. Kennedy ne disait-il pas: «Nous défendons la liberté de Paris, de Londres et de New York lorsque nous nous employons pour la liberté de Berlin.» Edifié sur les cadavres de millions de victimes, le régime soviétique a pu être terrassé de l'intérieur sans escalade de la violence. La gratitude que l'on doit éprouver pour cette évolution ne fera que grandir à mesure que l'on comprendra quel cadeau a été fait de cette manière, comment il est possible de répondre à la force sans employer la force, comment imposer le droit sans faire naître l'injustice. Les pierres de l'édifice européen ont été le soulèvement du «17 juin», la révolution hongroise, le printemps de Prague, le syndicat Solidarité, les manifestations du lundi à Leipzig, le «22 décembre» de Bucarest.

Rainer Hildebrandt

2. Die historische Entwicklung bis zum Bau der MAUER

Historical development preceding the building of THE WALL

L'évolution historique jusqu'à la construction du MUR

Kinder im Konzentrationslager Auschwitz nach der Befreiung des Lagers durch die Rote Armee am 27.1.45. Der Rassenwahn des Nationalsozialismus kostete allein ca. 5½ Millionen Juden das Leben.

Children in the Auschwitz concentration camp after its liberation by the Red Army on January 27th 1945. National Socialist racial madness has claimed the lives of 5 1/2 million Jews.

Des enfants au camp de concentration d'Auschwitz après la libération du camp par l'Armée Rouge, le 27 janvier 1945. La folie raciste du national-socialisme a coûté la vie à environ 5 millions et demi d'hommes pour les seules populations juives.

General Dwight D. Eisenhower, Oberbefehlshaber der Alliierten Streitkräfte, am 12.4.45 im Konzentrationslager Gotha. Die Leichname liegen noch dort, wo sie von den Nazis erschossen worden waren, kurz bevor die alliierten Streitkräfte das Lager befreiten.

General Dwight D. Eisenhower, commander-in-chief of the allied forces, at the Gotha concentration camp on April 12th 1945. The bodies are still lying where the Nazis shot them, shortly before allied forces liberated the camp.

Le général Dwight D. Eisenhower, commandant en chef des forces alliées, le 12 avril 1945 au camp de concentration de Gotha. Les cadavres des victimes sont restés là où les nazis les ont assassinées quelques heures avant que les forces alliées libèrent le camp.

**Ende des Zweiten Weltkrieges.
Ein Sowjetsoldat hißt die Rote
Fahne auf dem Reichstagsgebäude
(Mai 1945). Der Zweite Weltkrieg
und das NS-Regime forderten 55
Millionen Tote. Getötet wurde jeder
elfte Niederländer, jeder zehnte
Deutsche, jeder neunte Jugoslawe,
jeder achte Russe, jeder sechste
Pole und jeder zweite Jude.**

The end of the Second World
War. A Soviet soldier raises the Red
Flag above the Reichstag Building
(May 1945). The Second World War
and the National Socialist regime have
claimed 55 million lives. Every
eleventh Dutch citizen, every tenth
German, every ninth Yugoslavian,
every eighth Russian, every sixth Pole
and every second Jew have been
killed.

Les dernières heures de la
Seconde Guerre mondiale. Un soldat
soviétique hisse le drapeau rouge sur
l'immeuble du Reichstag (mai 1945).
La Seconde Guerre mondiale et le
régime nazi ont coûté la vie à 55
millions d'hommes. La guerre a tué le
onzième de la population des Pays-
Bas, le dixième de la population
allemande, le neuvième de la population yougoslave, le huitième de la
population russe, le sixième de la
population polonaise et la moitié des
populations juives.

Potsdamer Abkommen (Juli/ August 1945): Churchill, Truman, Stalin. Deutschland wird von den Siegermächten besetzt und geteilt, ebenso Berlin: in einen Westteil unter Schutzherrschaft der USA, Großbritannien und Frankreich und in einen Ostteil unter Schutzherrschaft der Sowjetunion.

The Potsdam Agreement (July/ August 1945): Churchill, Truman, Stalin. Germany is occupied and divided by the victorious powers; likewise Berlin. There is a western zone, under the protection of the USA, Great Britain and France, and an eastern zone under the protection of the Soviet Union.

Les Accords de Potsdam (négociations en juillet-août 1945): Churchill, Truman, Staline. L'Allemagne est occupée par les puissances victorieuses et divisée, de même que Berlin partagée entre une partie occidentale sous la protection des Etats-Unis, de la Grande-Bretagne et de la France et une partie orientale sous la protection de l'Union Soviétique.

Die „Trümmerfrauen" wurden zu einem Begriff für ihren Fleiß. Sie erinnerten an die geschätzte und auch gefürchtete deutsche Tüchtigkeit.

The „Rubble Women" („Trümmerfrauen") become a proverbial symbol of hard work, reminding observers of the celebrated but feared German efficiency.

Les «femmes volontaires» pour le déblaiement des ruines ont imposé le respect par leur ardeur. A leur façon, elles redonnaient vie au zèle allemand, apprécié mais aussi redouté.

Die **Währungsreform in West-deutschland** nahm die Sowjetregierung zum Anlaß einer totalen Blockade West-Berlins durch Sperrung aller Zufahrtswege zu Lande und zu Wasser, auch für die Westmächte, am 24.6.48. Nach geltendem Völkerrecht wäre die Blockade ein Kriegsgrund gewesen.

Die Antwort der drei Westmächte bestand in einer Luftbrücke, einer ihrer Helden war Jack O. Bennett. Das Ziel der Sowjets - Abzug der Westmächte aus West-Berlin - scheiterte und am 12.5.49 wurde die Blockade wegen ihrer Erfolglosigkeit beendet. Zwischen den West-Berlinern und den Westmächten war ein Freundschaftsbündnis entstanden.

The Soviet government is prompted by the currency reform in West Germany to install a total blockade of West Berlin. On June 24th 1948 all approaches on land or water are closed - also to the western powers. Under international law the blockade would be a reason to declare war.

The three western powers respond with an airlift. One of its heroes is Jack O. Bennett (on the placard: "Record - Jack O. Bennett: 2,017 flights in 348 blockade days - 20,000 flights in 18 years"). The Soviet aim - withdrawal of the western powers from West Berlin - is not achieved, and the blockade is discontinued for lack of success on May 12th 1949. An alliance of friendship has emerged between West Berliners and the western powers.

Le gouvernement soviétique prit prétexte de la réforme monétaire en Allemagne de l'Ouest pour décréter le 24 juin 1948 le blocus total de Berlin-Ouest par l'interdiction de circuler sur toutes les voies terrestres et fluviales, y compris pour les puissances occidentales. En droit international strict, le blocus était un motif de guerre.

Les trois puissances occidentales y ont répondu en organisant un pont aérien, dont l'un des héros a été Jack O. Bennett (sur l'affiche: «Record - Jack O. Bennett: 2.017 vols en 348 jours de blocus - 20.000 vols en 18 ans»). Le régime soviétique qui voulait bouter les puissances occidentales hors de Berlin-Ouest, échoua et, le 12 mai 1949, il mettait fin au blocus qui s'était révélé inefficace. Des liens d'alliance et d'amitié s'étaient noués entre les Berlinois de l'Ouest et les puissances occidentales.

6.9.48: Kommunistische Demonstranten drängen Vertreter der demokratischen Parteien beiseite, stürmen das Neue Stadthaus im sowjetischen Sektor und verhindern eine Sitzung der Stadtverordnetenversammlung von Groß-Berlin. Die gewählten Stadtverordneten aus West-Berlin mußten in die Westsektoren ausweichen.

September 6th 1948. Communist demonstrators push representatives of the democratic parties aside, storm the „Neues Stadthaus" in the Soviet sector and prevent a sitting of the Berlin city council. Elected councillors from West Berlin have to hold an alternative sitting in the western sector.

6 septembre 1948: Des manifestants communistes franchissent le barrage des représentants des partis démocratiques, prennent d'assaut la nouvelle Maison municipale en secteur soviétique et empêchent une réunion de l'assemblée municipale du Grand-Berlin. Les élus municipaux de Berlin-Ouest doivent se replier sur les secteurs occidentaux.

9.9.48: Bürgermeister Ernst Reuter: „Wir wissen, worum es heute geht bei den Verhandlungen im Kontrollratsgebäude und in den steinernen Palästen des Kreml... Uns kann man nicht verhandeln, uns kann man auch nicht verkaufen... Ihr Völker der Welt! Schaut auf diese Stadt und erkennt, daß ihr diese Stadt und dieses Volk nicht preisgeben dürft, nicht preisgeben könnt!"

September 9th 1948. Mayor Ernst Reuter: „We know what the negotiations are about today in the Allied Control Council Building and the stone palaces of the Kremlin... We cannot be negotiated, and we cannot be sold... Peoples of the world! Look to this city and recognise that you must not abandon it and its people, cannot abandon it!"

9 septembre 1948: Ernst Reuter, maire de Berlin: «Nous savons de quoi il s'agit dans les négociations au Conseil de Contrôle et dans les palais de marbre du Kremlin ... Nous ne sommes pas un objet de transaction, personne ne peut nous vendre ... Peuples du monde! Voyez cette ville et comprenez que vous ne devez pas, que vous ne pouvez pas abandonner cette ville et ce peuple!»

Als Folge des verlorenen Krieges werden in der DDR viele Betriebe demontiert und zum Wiederaufbau der zerstörten Sowjetunion benutzt. Der Verlust an politischer und persönlicher Freiheit sowie die mangelnde Konkurrenzfähigkeit der DDR-Wirtschaft lassen die Zahl der Flüchtlinge und auch die Opposition wachsen - es kommt zum Aufstand des „17. Juni" (1953). Die Erhebung wird mit Hilfe sowjetischer Panzer blutig niedergeschlagen. Die Flucht nimmt weiter zu und wird zur Massenflucht.

As a result of the lost war, many factories in the GDR are dismantled, to contribute towards rebuilding the destroyed Soviet Union. The loss of political and personal freedom, as well as the low competitiveness of the GDR economy, causes a rise in the number of refugees and a growth in opposition to the regime, resulting in the „17th of June" Uprising (1953). The revolt is violently put down with the help of Soviet tanks. The number of fugitives continues to grow and becomes a mass phenomenon.

Conséquence de la guerre et de la défaite, de nombreuses usines ont été démontées en RDA et transférées en Union Soviétique ravagée. La perte des libertés politiques et individuelles et les faiblesses de l'économie de la RDA entraînent l'accroissement du nombre des départs et de l'opposition, débouchant sur le soulèvement du «17 juin» (1953). Il est réprimé dans le sang avec l'aide des blindés soviétiques. Le nombre des départs s'amplifie et prend les proportions d'une fuite en masse.

Ein hysterischer Propaganda-krieg der DDR bewirkte im Sommer 1961 einen explosionsartigen Anstieg der Flüchtlingszahlen. Das Foto zeigt eines der zahlreichen Flüchtlingslager in West-Berlin. Am 4.8.61 wurde den 60.000 „Grenzgän-gern" - in West-Berlin arbeitende DDR-Bürger - die Registrierung abverlangt. Viele blieben in West-Berlin. Wegen angeblicher „Abwer-bung" von DDR-Bürgern für die Industrie der Bundesrepublik wurden zahlreiche Personen als „Agenten" verhaftet und zu 10 Jahren bis lebenslänglich verurteilt. Prominen-te Politiker der Bundesrepublik und West-Berlins forderten hingegen laufend die DDR-Bürger auf, nicht zu flüchten. Weil sie vor dem bevorste-henden Bau der Mauer nicht ge-warnt wurden, sahen sich später große Teile der Bevölkerung der DDR getäuscht und verlassen.

In 1961 a hysterical propaganda war by the GDR provokes an explosive increase in the number of refugees. The photograph shows one of the many refugee camps in West Berlin. On August 4th 1961 the 60,000 „international commuters" - GDR citizens working in West Berlin - are required to register with the authori-ties. Many remain in West Berlin. On the grounds of „recruitment" for West German industry, large numbers of people are arrested as „agents" and sentenced variously from 10 years to life imprisonment. However, prominent West German and West Berlin politicians appeal continually to GDR citizens not to flee. Later, because of not being warned about the impend-ing building of the wall, wide sections of the population of the GDR will feel deceived and abandoned.

Au milieu de 1961, la propagande belliciste de la RDA, poussée à son paroxysme, provoque une montée en flèche des départs. Notre photo montre l'un des nombreux camps de réfugiés à Berlin-Ouest. Le 4 août 1961, le gouvernement est-allemand exige des 60.000 «travailleurs frontaliers» résidant en RDA et travaillant à Berlin-Ouest qu'ils se fassent enregistrer. Beaucoup préfèrent rester à Berlin-Ouest. Sous prétexte qu'elles «débauchent» des ressortissants de RDA pour l'industrie de la République Fédérale, de nombreuses personnes sont accusées d'être des «agents» occidentaux et arrêtées, condamnées à de lourdes peines allant de dix ans à la réclusion perpétuelle. Les personnalités politiques de République Fédérale et de Berlin-Ouest quant à elles ne cessent de demander à la population de RDA de ne pas s'enfuir. Après coup et parce qu'elle n'avait pas été mise en garde de l'imminence de la construction du mur, une grande partie de la population de la RDA s'est estimée flouée et abandonnée.

VOUS QUITTEZ LE SECTEUR FRANÇAIS

3. DIE MAUER - Geschichte und Phänomen

THE WALL - History and phenomenon

LE MUR - Historique et réalité

3.1.
Der „13. August"
und die ersten Wochen
danach

3.1.
The „13th of August" and
following weeks

3.1.
Le «13 août» et les
premières semaines qui
suivirent

13.8.61: Bewaffnete Verbände der DDR riegeln Ost-Berlin ab, der Bau der Mauer beginnt.

August 13th 1961. Armed military units of the GDR seal off East Berlin. The construction of the Berlin Wall begins.

13 août 1961: Des unités armées de la RDA bouclent hermétiquement Berlin-Est, la construction du Mur commence.

Sechs Kompanien verschiedener militärischer Verbände sollten am Brandenburger Tor die „geschlossene Abwehrfront" demonstrieren. In West-Berlin sammelten sich Tausende vor dem Brandenburger Tor. Die Polizei mußte es 100 Meter davor absperren.

Six companies from various military units present a „closed defensive front". Thousands gather in West Berlin in front of the Brandenburg Gate, which police cordon off to a distance of 100 metres (on the placards: „There is only one Germany"; „Germany stays German").

Six compagnies de différentes unités militaires prennent position Porte de Brandebourg pour concrétiser le «front de défense sans faille». Des milliers de personnes se rassemblent à Berlin-Ouest devant la Porte de Brandebourg. La police reçoit ordre de bloquer les accès jusqu'à 100 mètres (sur les affiches: «Il n'y a qu'une seule Allemagne»; «L'Allemagne reste Allemande»).

Dieses Kind will hinüber. Der Posten hat Befehl, niemanden durchzulassen. Trotzdem öffnet er den Draht. In diesem Augenblick sieht es der Vorgesetzte. Wegen seines Vergehens wurde der Posten sogleich abkommandiert.

This child wants to go across. The guard has orders to allow no one through, but despite this opens the wire. At this moment he is seen by his superior officer. Because of this offence he is immediately detailed elsewhere.

Cet enfant peut passer de l'autre côté. L'homme de faction a pour ordre de ne laisser passer personne mais il ouvre tout de même l'obstacle de barbelés. Juste à ce moment, son supérieur l'aperçoit. Le gardien est aussitôt relevé de ses fonctions pour avoir désobéi.

Die Straße wird zur Grenze. Die Ost-Berliner (Hintergrund) dürfen sich ihr nicht mehr nähern. Ebenso wird den West-Berlinern der Weg versperrt. Oft geht es hart auf hart. Auch hier. Die Wirklichkeit will dieser West-Berliner nicht anerkennen.

The street becomes a border. East Berliners (background) are no longer allowed to approach it, and access is also blocked for West Berliners. There are often confrontations, as in this case. These West Berliners are not prepared to accept what is happening.

La rue se transforme en frontière. Les Berlinois de l'Est (à l'arrière-plan) ne peuvent plus s'en approcher. Le passage est aussi interdit pour les Berlinois de l'Ouest. Les incidents sont nombreux, comme ici. Ce Berlinois de l'Ouest ne veut pas accepter la réalité.

Noch am 15.6.61 hatte DDR-Staats- und Parteichef Walter Ulbricht auf einer internationalen Pressekonferenz versichert: „Die Bauarbeiter unserer Hauptstadt beschäftigen sich hauptsächlich mit Wohnungsbau, und ihre Arbeitskraft wird dafür voll eingesetzt. Niemand hat die Absicht, eine Mauer zu errichten!" In West-Berlin steht dieses Zitat nun auf zahlreichen Plakaten vor den Erbauern der Mauer.

Schon wenige Tage nach dem „13. August" wurden an vielen Stellen die Stacheldrahtzäune durch eine Mauer ergänzt. Ihre Gesamtlänge Mitte September 1961: 3 Kilometer.

As recently as June 15th 1961 Walter Ulbricht, GDR head of state and party leader, had affirmed that „Our capital's building workers are employed in the construction of houses, and their labour fully occupied in this endeavour. No one intends to build a wall!" The wall-builders can now see this quote on numerous posters in West Berlin.

Just a few days after the „13th of August" the barbed-wire fence is replaced by a wall. Its total length by the middle of September 1961 is 3 kilometres.

Le 15 juin 1961 encore, le chef de l'Etat et du parti Walter Ulbricht avait donné cette assurance au cours d'une conférence de presse internationale: «Les ouvriers du bâtiment de notre capitale sont occupés principalement à construire des logements et leur force de travail y est entièrement consacrée. Personne n'a l'intention de construire un mur!» Bien visibles par les constructeurs du Mur, de nombreuses affiches portant cette citation sont collées du côté de Berlin-Ouest.

Quelques jours seulement après le «13 août», les barrières de barbelés ont été complétées par un mur qui, à la mi-septembre 1961, avait 3 kilomètres de longueur.

Friedrichstraße: Gegenüber dem Checkpoint Charlie auf Ost-Berliner Seite eine uniformierte Mauer gegen die Bautrupps. Bis Dezember 1961 flüchteten hier acht „Kontrollpunktposten". Auf dem Foto zwei von ihnen, gerade angekommen.

„Schauen Sie mich doch nicht so böse an. Wir sind doch alle Deutsche", sagte Bundesminister Ernst Lemmer zu den Wachtposten anläßlich eines Besuches am Checkpoint Charlie.

Friedrichstraße. Opposite Checkpoint Charlie on the East Berlin side a uniformed wall in front of the building squads. Up until December 1961 eight „control point guards" will make their escape here. The photograph shows two of them, just arrived.

„Don't look at me in such a hostile way. We're all Germans after all," says Federal Minister Ernst Lemmer to a guard during a visit to Checkpoint Charlie.

Friedrichstrasse: En face de Checkpoint Charlie, à Berlin-Est, se dresse un mur d'hommes en uniformes surveillant les bâtisseurs du mur. Jusqu'à décembre 1961, huit de ces «garde-frontières» s'enfuirent. Notre photo en montre deux qui viennent juste d'arriver.

«Ne me regardez pas si méchamment. Nous sommes bien tous des Allemands», lance le Ministre Fédéral Ernst Lemmer aux sentinelles pendant sa visite Checkpoint Charlie.

1961/62: Fast alle Grenzhäuser wurden abgerissen, um freies Sicht- und Schußfeld zu schaffen. In Stundenfrist und ohne Vorankündigung mußten die Häuser geräumt werden.
Oft machten sich die Vopos einen Spaß daraus, die Fotografen mit Spiegeln zu blenden.

1961/62. Almost all the houses on the border are demolished, to establish clear visibility and firing range. Occupants must clear their homes within hours, without prior notice.
The „Vopos" (= „Volkspolizei" - the East German „People's Police") often make a joke out of blinding photographers with mirrors.

1961-1962: Pratiquement tous les immeubles donnant directement sur la frontière sont démolis pour libérer le champ d'observation et de tir. Sans aucun préavis, les immeubles sont évacués en quelques heures seulement.
Les Vopos se font souvent un plaisir d'éblouir les photographes pour les empêcher de faire leur métier.

3.2.
Vier Generationen
MAUER

3.2.
Four generations of
THE WALL

3.2.
Quatre séries d'obstacles
sur LE MUR

Bernauer Strasse au nord de Berlin: Les immeubles se trouvent à Berlin-Est alors que les passages sont déjà sur le territoire de Berlin-Ouest. Beaucoup prirent la fuite en sautant par les fenêtres mais bien vite, les fenêtres furent obstruées de barbelées et par la suite entièrement maçonnées (sur l'affiche: «Le crime reste le crime - même s'il a été commis sur ordre!»). Jusque dans les années soixante-dix, les restes de fondations constituaient le dernièr obstacle frontalier avant Berlin-Ouest.

Bernauer Straße im Norden Berlins: Die Häuser stehen auf Ost-Berliner Gebiet, die Gehsteige davor sind bereits im Westen. Viele flüchteten, indem sie einfach aus den Fenstern sprangen. Schon sehr bald wurden deshalb die Fenster mit Stacheldraht verbarrikadiert und später zugemauert. Noch in den siebziger Jahren bildeten die Reste der Grundmauern das letzte Grenzhindernis Richtung Westen.

Bernauer Straße in the north of Berlin. The houses are in East Berlin, but the pavement in front is on West Berlin territory. Many people escape simply by jumping out of the windows, which for this reason are soon barricaded with barbed wire and later bricked up (on the placard: „Murder remains Murder - even under orders!"). Up until the 1970s remnants of the houses' foundation walls form the last obstacle on the border with the West.

MORD
bleibt
MORD –
auch wenn er
befohlen
wird!

Anfangs konnten die getrennten Menschen einander noch zuwinken. Um es zu verhindern, wurden an vielen Stellen „Sichtblenden" errichtet.

In Flüsse und selbst Seen wurden Stacheldrahtzäune gesenkt.

Von diesem Turm aus wurde ein Flüchtender erschossen. Nach einem Jahr: 130 Beobachtungstürme.

At first people could still wave to each other across the border. To prevent this, „visibility screens" are erected in many places.

Barbed wire fences are sunk in rivers, and even lakes.

An escapee was shot from this tower. After a year there are 130 observation towers.

Dans un premier temps, ceux que l'on venait de séparer pouvaient encore se faire des signes. Pour que cela cesse, on installa en quantité d'endroits des «obstacles opaques».

On noya des barrières de barbelés dans les cours d'eau et même dans les lacs.

De cette tour, un fugitif a été abattu. Au terme d'une année de Mur, il y avait déjà 130 tours d'observation.

50

Hier geht die Mauer mitten durch ein Haus. 1963 wurde die östliche Hälfte abgerissen.

Das Plakat soll glaubhaft machen, der Feind säße in Bonn und habe den Bau der Mauer verschuldet.

Nach fünf Jahren stehen 210 Beobachtungstürme am Ring um West-Berlin.

Here the wall cuts through the middle of a building. In 1963 the eastern half is demolished.

The poster („Turn around! Your enemy is standing behind you. He lost the last war. Now you're supposed to march and die for him. Turn around!") is intended to make clear that the enemy is in Bonn and is responsible for the building of the wall.

After five years there are 210 observation towers in the ring around West Berlin.

A cet endroit, le Mur traverse un immeuble. La moitié côté Est a été abattue en 1963.

Cette affiche («Retourne-toi! Ton ennemi est derrière toi! Il a perdu la dernière guerre et maintenant, tu dois avancer et mourir pour lui. Retourne-toi!») proclame que l'adversaire est à Bonn et qu'il a provoqué la construction du Mur.

Après cinq ans, la ceinture entourant Berlin-Ouest est flanquée de 210 tours d'observation.

Insgesamt existierten vier Generationen der Berliner Mauer. Der nach dem 13.8.61 zunächst gezogene Stacheldraht wurde rasch durch Hohlblocksteine ersetzt. Da diese aber weder Sprengstoffanschlägen noch Fahrzeugdurchbrüchen standhielten, wurden sie teilweise durch aufeinandergeschichtete Betonplatten verstärkt (Mauer der zweiten Generation, 1963).

1964: Allein in diesem Jahr entstanden 102 Hundelaufanlagen. An einem etwa 100 Meter langen Spannseil kann der Hund auf- und abrennen. Die Bluthunde sind derart abgerichtet, daß sie auch Soldaten und Offiziere anfallen.

1965: Bunker werden nun serienweise errichtet. Am Ring um West-Berlin befinden sich 222 Bunker- und Schützenstellungen.

1966: Übergang Chausseestraße: „Verschönerung" der Mauer durch gelbe Kunststoffplatten.

There were four generations in all of the Berlin Wall. The temporary barbed-wire fence of August 13th 1961 was hastily replaced by breezeblocks. These, however, were in part strengthened by layers of concrete plating, as they were not resistant to bomb attacks or ramming by vehicles (second-generation wall, 1963).

1964. In this year alone 102 dog-runs are constructed. The dogs patrol up and down on c.100 metre-long extendible leads. They are so thoroughly trained that they also attack soldiers and officers.

1965. Series of bunkers are constructed. In the ring around West Berlin there are now 222 bunkers and riflery positions.

1966. Border-crossing Chausseestraße. „Improvement" of the wall with yellow synthetic plating.

Au total, le Mur était fait de quatre séries d'obstacles. La barrière de barbelés dressée après le 13 août 1961 a été rapidement remplacée par une maçonnerie d'agglomérés. Comme elle ne résistait pas aux attentats à l'explosif ni aux véhicules lancés à vive allure, elle a disparu en partie pour laisser place à des plaques de béton empilées (Mur de la deuxième génération, 1963).

1964: Pendant cette seule année, 102 pistes pour chiens de garde ont été aménagées. Chaque chien attaché à une élingue fait le va-et-vient sur une centaine de mètres.

Ces chiens dressés à l'attaque ne reconnaissaient pas non plus les soldats ni les officiers.

1965: Edification en série de bunkers. L'anneau autour de Berlin-Ouest comportait 222 bunkers et postes de tir.

1966: Passage Chausseestrasse: Le Mur est «embelli» par des panneaux en plastique jaune.

**Die Mauer der dritten Genera-
tion (ab Ende der sechziger Jahre)
bestand aus wenigen, in Serie
hergestellten Fertigteilen, aber sie
weckte keine Maler, sondern
allenfalls Texter (Potsdamer Platz
1976).**

The third-generation wall (from
the end of the 1960s) consisted of a
few serially produced, ready-made
parts. No one was moved to paint on
it; at the most to write on it (Potsdamer Platz 1976).

Le Mur de la troisième génération (à partir de la fin des années
soixante), était composé de quelques
éléments de béton préfabriqué. Il ne
suscitait encore aucune vocation chez
les artistes peintres, tout au plus
quelques commentaires écrits
(Potsdamer Platz 1976).

1966: Die Mauer hat eine Gesamtlänge von 25 Kilometern.

1966. The wall has a total length of 25 kilometres.

1966: Le Mur a une longueur de 25 kilomètres.

DIE MAUER war nicht nur die „Wand", die der „Wessi" sehen und berühren konnte, sondern sie bestand aus mehreren, zu Tausenden in Serienfabrikation hergestellten Elementen: Hinterlandmauer, elektrischer Kontaktzaun, Beobachtungsturm, Streckmetallzaun, Bogenlampe der Lichttrasse, Hundelaufanlage, Bunker, Panzersperre, Metallspitzenmatte (an grenznahen Häusern und senkrecht in Gewässern) und Grenzmauer, letztere im Jargon der DDR-Grenztruppen auch „Mauer feindwärts" genannt.

THE WALL was not just a „wall" - the one that „Wessis" could see and touch. It consisted of thousands of serially manufactured parts: a hinterland wall, electric fencing, observation towers, expanded metal fence, arc lamps, dog-runs, bunkers, tank barriers, barbed metal matting (on buildings near the border and vertically underwater) and finally the border wall, also called the „wall facing the enemy" („Mauer feindwärts") in GDR border troop jargon.

LE MUR n'était pas uniquement une «paroi» maçonnée que l'on voyait directement et que l'on pouvait même toucher de Berlin-Ouest, c'était aussi des milliers d'obstacles fabriqués en série: mur en arrière-plan, clôture électrique, tours d'observation, clôture métallique coulissante, lampes à arc tout le long de l'enceinte, pistes pour chiens, bunkers, chevaux de frise, matelas de pointes métalliques (devant les immeubles proches de la frontière et à la verticale dans l'eau) et le mur frontalier baptisé en jargon des garde-frontières de RDA «le mur côté de l'ennemi».

Die Elemente der Mauer der vierten Generation fügten sich fugenlos ineinander; erst mit ihr entstand ab Mitte der siebziger Jahre die „längste Betonleinwand der Welt" (Brandenburger Tor 1978, Potsdamer Platz 1986).

The elements making up the fourth-generation wall fitted together seamlessly. It was with this wall of the mid-1970s that the „longest concrete canvas in the world" arose (Brandenburg Gate 1978, Potsdamer Platz 1986).

Les éléments du Mur de la quatrième génération étaient assemblés sans joint apparent et ont donné à partir de 1975 environ, le «plus long écran de béton du monde» (Porte de Brandebourg 1978, Potsdamer Platz 1986).

Wie rigoros die DDR das Grenzregime durchsetzte, zeigte sich auch in der Bernauer Straße, wo mehrere Mahnmale an Fluchtschicksale erinnern. Anfang des Jahres 1985 ließen die Ost-Berliner Behörden die mitten im Todesstreifen liegende evangelische Versöhnungskirche sprengen. Das 1894 eingeweihte Gotteshaus konnte seit dem Bau der Mauer nicht mehr benutzt werden. Die überwiegend im West-Berliner Bezirk Wedding ansässige Gemeinde mußte sich ein neues Gemeindezentrum schaffen. Das ungenutzte Gebäude der West-Berliner Gemeinde mußte - wohl oder übel - der Ost-Berliner Kirchenleitung „geschenkt" werden. Diese wiederum mußte das Grundstück - wohl oder übel - an den Ost-Berliner Magistrat weitergeben. Und dieser wiederum mußte es dem „Planungsstab" für die Grenzsicherungsanlagen überlassen.

The rigour with which the GDR imposed the border regime can also be seen on Bernauer Straße, where there are several memorials to the fate of refugees. In early 1985 the East Berlin authorities blew up the Protestant „Versöhnungskirche" („Church of the Atonement"), which had been dedicated in 1894 and since the building of the wall had stood, unable to be used, in no-man's land. Its congregation, the majority of whom lived in the West Berlin district of Wedding, had been compelled to find another place of worship. The unused building had to be „given" - like it or not - to the East Berlin church authorities, who - like it or not - had to pass the plot of land on to the municipal authorities, who in their turn had to make it over to the „planning board" for border security installations.

La férocité avec laquelle la RDA appliquait le régime de surveillance à la frontière est illustrée par les incidents Bernauer Strasse où plusieurs stèles rappellent le sort des fugitifs. Au début de 1985, les autorités de Berlin-Est ont fait sauter le temple protestant de la Réconciliation qui se trouvait en plein no man's land. Consacré en 1894, le temple était désaffecté depuis la construction du Mur. La paroisse protestante de l'endroit, originaire pour l'essentiel de l'arrondissement de Wedding à Berlin-Ouest, dut se doter d'une nouvelle maison paroissiale. A son corps

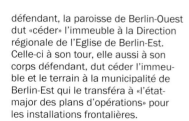

défendant, la paroisse de Berlin-Ouest dut «céder» l'immeuble à la Direction régionale de l'Eglise de Berlin-Est. Celle-ci à son tour, elle aussi à son corps défendant, dut céder l'immeuble et le terrain à la municipalité de Berlin-Est qui le transféra à «l'état-major des plans d'opérations» pour les installations frontalières.

Die DDR-Kenner sind sich mit den Tiefenpsychologen einig, daß der eigentliche Initiator der Bemalungen der Mauer die DDR ist. Sie begnügte sich nicht mit der Mauer der dritten Generation mit horizontalen Platten, die durch Gestänge zusammengehalten wurden. War es der Wunsch, eine Mauer zu bauen, die Dauerhaftigkeit und Stabilität demonstriert? Jedenfalls entstand eine fugenlose Mauer, eine „Betonleinwand" von beliebig benutzbarer Länge, die auf viele komisch wirkte, andere zum Nachdenken anregte und mehr und mehr Maler stimulierte, darunter auch international bekannte wie Keith Haring, Christophe Bouchet und Richard Hambleton.

Authorities on the GDR are in agreement with depth psychologists who say that the real initiator of the painting of the wall was the GDR itself. Not content with the third-generation wall, held together by metal bars, was there perhaps a wish to build a wall demonstrating permanence and stability? At any rate, a seamless wall arose, a „concrete canvass" as long as any artist liked. To many this painted surface appeared strange, but it made others think and, more and more, it attracted artists, among them the internationally famous such as Keith Haring, Christophe Bouchet and Richard Hambleton.

Les peintures et graffitis ornant le Mur ont été provoqués par la RDA elle-même comme on s'accorde à le reconnaître. En effet, celle-ci ne s'est pas contentée du Mur de la troisième génération fait d'éléments de béton horizontaux réunis par des tringles. Etait-ce le désir d'édifier un obstacle incarnant la durée et la stabilité? Quoi qu'il en soit est né un Mur sans joint apparent, un «écran de béton» de longueur modulable qui suscitait le sarcasme chez beaucoup de gens, rendait d'autres pensifs et encourageait de plus en plus de peintres à exercer leurs talents, parmi eux les grands artistes Keith Haring, Christophe Bouchet et Richard Hambleton.

3.3.
Das Engagement
der Alliierten

3.3.
The commitment
of the allies

3.3.
L'engagement
des alliés

Briten setzen ein Recht durch. Dieser Zwölfjährige wohnte in der Exklave Eiskeller, die zum britischen Sektor gehört, aber eine kleine Insel in der DDR ist. Sie ist nur durch eine schmale Zufahrtsstraße mit West-Berlin verbunden. Eines Tages versperrten Vopos dem Jungen den Schulweg nach West-Berlin. Daraufhin erhielt er auf seinem täglichen Weg militärischen Geleitschutz. Der Knabe sagte „Many thanks" zu dem Kommandeur der britischen Truppen in Berlin, Brigadegeneral Whithworth (August/September 1961).

Erst nach der Wende wurde öffentlich bekannt, daß der Knabe eine Behinderung durch die Vopos lediglich erfunden hatte, um die Schule schwänzen zu können.

The British assert their rights. This twelve-year-old lives in the exclave called „Eiskeller", which belongs to the British sector, but is a tiny island in the GDR. Its only connection to West Berlin is a narrow entry road. One day, the „Vopos" (East German police) block the boy's way to school. From now on he receives a military escort on his daily journey to and from school. The boy says „Many thanks" to the commander of the British troops in Berlin, Brigadier General Whithworth (August/September 1961).

It is only after the fall of the wall that it becomes known that the boy fabricated the police blockade in order to play truant.

Les Britanniques imposent le respect du droit. Ce garçon de douze ans vivait dans l'enclave de Eiskeller appartenant au secteur britannique mais formant un îlot en RDA. Elle n'est reliée à Berlin-Ouest que par un accès exigu. Un jour, les Vopos barrèrent la voie à l'enfant qui se rendait à l'école à Berlin-Ouest. Après cet incident, il a eu droit chaque jour à une escorte militaire. Le garçon s'est vivement remercié auprès du général de brigade Whithworth, commandant en chef des troupes britanniques à Berlin (août-septembre 1961).

Après la chute du Mur seulement, on a appris que le garçon avait inventé l'incident avec les Vopos pour faire l'école buissonnière.

Franzosen setzen ein Recht durch. Dieser Wasserturm befindet sich im französischen Sektor, unmittelbar an der Grenze, jedoch steht er auf dem Gelände der von der DDR verwalteten „Deutschen Reichsbahn". Französisches Militär besetzte den Turm, konfiszierte eine kommunistische Fahne und forderte die Entfernung der Wandbemalung. So wurde „DR" („Deutsche Reichsbahn") aus „DDR" (Oktober 1961).

The French assert their rights. This water tower stands in the French sector, right on the border, but on a plot of land belonging to the „Deutsche Reichsbahn", the railway, which is administrated by the GDR. The French military occupies the tower, confiscates a communist flag and demands the removal of the markings on the wall. Thus „DDR" („GDR") becomes „DR" („Deutsche Reichsbahn"; October 1961).

Les Français imposent le respect du droit. Ce château d'eau se trouve dans le secteur français, immédiatement à la frontière, sur un terrain de la Deutsche Reichsbahn, administrée par la RDA. Les militaires français ont occupé la tour, confisqué un drapeau communiste et exigé que l'inscription au mur disparaisse. C'est ainsi que «DDR» a donné «DR» («Deutsche Reichsbahn»; octobre 1961).

Amerikaner setzen ein Recht durch (23. bis 28.10.61). Eines Tages sollten die Angehörigen der amerikanischen Militärmission in Zivil den Vopos ihre Ausweise vorzeigen, wenn sie nach Ost-Berlin einfuhren. Die Forderung bedeutete den Bruch eines internationalen Abkommens. Die Amerikaner weigerten sich, und ihr Fahrzeug wurde sogleich gestoppt. Um ihr Recht durchzusetzen, stoppten nun die Amerikaner die nach West-Berlin einfahrenden sowjetischen Fahrzeuge.

The Americans assert their rights (October 23rd to 28th 1961). One day, off-duty members of the American military mission are required to show their identification on entering East Berlin. The requirement is in breach of an international agreement. The Americans refuse, and their vehicle is stopped. To force their rights, the Americans now stop Soviet vehicles entering West Berlin.

Les Américains imposent le respect du droit (du 23 au 28 octobre 1961). Un jour, les membres de la mission militaire américaine en civil ont été sommés par les Vopos de montrer leurs papiers alors qu'ils passaient à Berlin-Est. Cette exigence violait un accord international. Les Américains refusèrent et leur véhicule fut immédiatement stoppé. Pour imposer leur bon droit, les Américains stoppèrent alors tous les véhicules soviétiques se rendant à Berlin-Ouest.

Die Amerikaner geben „Kampf-alarm". Ein Testwagen in einem Konvoi von drei Jeeps fuhr in den Sowjetsektor hinein. Dort ließ der Konvoi den Testwagen allein. Bei seiner Rückfahrt wurde der Testwa-gen erneut gestoppt (Foto). Drei Jeeps fahren an, um den Wagen zu befreien.

The Americans raise the „war alarm". A test vehicle with a convoy of three jeeps drives into the Soviet sector. There, the jeeps leave the car alone. On its return it is stopped once again (photo). Three jeeps drive up to secure its release.

«Mise en alarme» des troupes américaines. Un convoi composé de trois Jeeps et d'une voiture banalisée est envoyé dans le secteur soviétique pour vérifier la réaction. La voiture est laissée seule dans les rues de Berlin-Est. Au retour, la voiture est stoppée une nouvelle fois (photo). Trois Jeeps sont commandées pour délivrer la voiture.

Der in Ost-Berlin gestoppte Wagen wird von den entsandten Fahrzeugen in Geleitschutz genommen und auf diese Weise befreit. In den folgenden Tagen standen sich sowjetische und amerikanische Panzer gegenüber und es bestand höchste Alarmstufe.

US-Präsident John F. Kennedy: „Wir verteidigen die Freiheit von Paris, London und New York, wenn wir uns für die Freiheit in Berlin einsetzen."

The car is taken into a protective convoy and liberated by the dispatched vehicles. During the days that follow, Soviet and American tanks face each other and the highest war alarm is in force.

US President John F. Kennedy: „We are defending the freedom of Paris, London and New York when we fight for freedom in Berlin."

Les véhicules militaires prennent en charge la voiture stoppée à Berlin-Est et la libèrent. Les jours suivants, les blindés soviétiques et américains ont avancé face-à-face, les troupes étaient en état d'alarme avancée.

Commentaire du président américain John F. Kennedy: «Nous défendons la liberté de Paris, de Londres et de New York lorsque nous nous employons pour la liberté de Berlin.»

26.6.63: US-Präsident John F. Kennedy wird während seines Besuches in West-Berlin von der Bevölkerung begeistert gefeiert. Fotos: Auf dem Hochstand am Checkpoint Charlie (der seitdem „Kennedy-Podest" heißt; in seiner Begleitung Bundeskanzler Konrad Adenauer, der Regierende Bürgermeister Willy Brandt und Minister Rainer Barzel) sowie am Brandenburger Tor. Rote Tücher zwischen den Säulen sollen den Menschen diesseits und jenseits des Tores die Sicht nehmen.

June 26th 1963. During his visit to West Berlin, US president John F. Kennedy receives a rapturous welcome from the city's population. Photographs: On the observation platform at Checkpoint Charlie (known since then as the „Kennedy Podium"), accompanied by Chancellor Konrad Adenauer, the mayor of Berlin Willy Brandt and Minister Rainer Barzel; at the Brandenburg Gate. Red banners between the columns obstruct the view from both sides.

26 juin 1963: La population acclame le président américain John F. Kennedy en visite à Berlin-Ouest. Nos photos: Sur la plate-forme surélevée Checkpoint Charlie (baptisée ensuite «plate-forme Kennedy»; en compagnie du Chancelier Fédéral Konrad Adenauer, du bourgmestre régnant Willy Brandt et du Ministre Rainer Barzel) et Porte de Brandebourg. Les tentures rouges tendues entre les colonnes sont destinées à boucher la vue de part et d'autre de la Porte.

17.1.63: Der sowjetische Minis-
terpräsident Nikita Chruschtschow
an der Schranke des Ost-Kontroll-
punktes gegenüber dem Checkpoint
Charlie, im Hintergrund Walter
Ulbricht.
2.3.65: Der sowjetische Mini-
sterpräsident Alexej Kossygin am
Brandenburger Tor, der einzigen
Stelle, wo kein Stacheldraht ist.

January 17th 1963. The Soviet
leader Nikita Chrushchov at the
barrier of the eastern control point
opposite Checkpoint Charlie. In the
background Walter Ulbricht.
March 2nd 1965. The Soviet
leader Alexei Kossigin at the Brandenburg Gate, the only place where there
is no barbed wire.

17 janvier 1963: Nikita Khroucht-
chev, président du Conseil soviétique,
à la barrière du poste de contrôle Est
en face de Checkpoint Charlie. Au
second plan Walter Ulbricht.
2 mars 1965: Alexis Kossyguine,
président du Conseil soviétique, en
visite Porte de Brandebourg, le seul
endroit où il n'y ait pas eu de barbelés.

3.4.
Innerdeutsche Verträge
und Vereinbarungen

3.4.
German-German treaties
and agreements

3.4.
Traités et conventions
inter-allemands

Passierscheinabkommen. Weihnachten 1963, zweieinhalb Jahre nach dem Bau der Mauer, durften erstmals West-Berliner für einige Stunden nach Ost-Berlin, sofern sie dort nachweislich Verwandte hatten. Zu diesem Zweck wurde ein weiterer Grenzübergang geschaffen und dieses Loch in die Mauer gebrochen. Anschließend wurde die Stelle nicht mehr zugemauert, sondern eine Tür eingesetzt - eine Einladung, mit der DDR-Regierung weiter zu verhandeln, um auch künftig Passierscheine zu erhalten. In harten und schwierigen Gesprächen mit DDR-Beauftragten, in denen diese verschiedene Erpressungsversuche unternahmen und auch eine politische Anerkennung der DDR zu erzwingen versuchten, konnten dennoch mehrmals die Passierscheinabkommen erneuert werden und wenigstens an Festtagen die seltenen Begegnungen in Ost-Berlin stattfinden.

Menschenschlangen, als erstmals „Passierscheine" an West-Berliner ausgegeben wurden (1963). Autoschlangen zwischen Helmstedt und Berlin infolge oft stundenlanger Verzögerungen bei der Abfertigung durch die DDR.

Permit agreement. Christmas 1963. West Berliners are allowed into East Berlin for a few hours - the first time since the building of the wall two years previously - provided they can prove they have relatives there. For this purpose an extra border crossing is set up and this gap made in the wall. After Christmas the gap is not closed, but a door put in its place - an invitation to negotiate with the GDR government for future permits. Through hard and difficult discussions with representatives of the GDR, who attempt various blackmailing manoeuvres and also try to force a political recognition of the GDR, it is possible to renew the permit agreement a number of times, so that at least on holidays reunions can take place in East Berlin.

Queues of people, as „passes" are given out to West Berliners for the first time (1963). Traffic jam between Helmstedt and Berlin as a result of frequent hour-long delays during clearance through the GDR.

Accords sur les laissez-passer. Noël 1963, deux ans et demi après la construction du Mur, les Berlinois de l'Ouest peuvent passer quelques heures à Berlin-Est, dans la mesure où ils peuvent prouver qu'il y ont des parents. A cette fin, un nouveau poste-frontière est créé et l'on perce ce trou dans le Mur. Après l'Accord, l'endroit n'a pas été remaçonné mais fermé par une porte, ce qui constituait en quelque sorte une invitation à poursuivre les négociations avec le gouvernement de la RDA pour obtenir de nouveaux laissez-passer. Malgré la dureté et les difficultés des entretiens

avec les émissaires de la RDA qui ont cherché à plusieurs reprises à exercer une pression massive et à extorquer la reconnaissance politique de la RDA, il a malgré tout été possible de renouveler l'Accord sur les laissez-passer et de permettre aux familles de se rencontrer à Berlin-Est, ne serait-ce que pour les fêtes.

La longue file des premiers bénéficiaires de «laissez-passer» en 1963. La longue file des voitures en attente entre Helmstedt et Berlin, alors que la RDA retardait parfois pendant des heures le contrôle des voyageurs.

Viermächte-Abkommen und innerdeutsche Vereinbarungen. In Zusammenhang mit dem Viermächte-Abkommen (in Kraft getreten am 3.6.72) und den innerdeutschen Vereinbarungen (Regelung über Erleichterungen des Reise- und Besucherverkehrs für West-Berliner in die DDR und nach Ost-Berlin, Transitabkommen, Grundlagenvertrag etc.) wurden wesentliche Besserungen erzielt. So mußte Berlins Regierender Bürgermeister Klaus Schütz noch mit einem amerikanischen Hubschrauber fliegen, als er kurz nach seinem Amtsantritt die in der DDR gelegene und zu West-Berlin gehörende Exklave Steinstücken besuchte (29.10.67). Nur die 200 Bewohner der kleinen „Insel" erhielten Passierscheine. Erst 1972, nach den genannten Vereinbarungen, erhielt Steinstücken einen neuen Status: durch einen unkontrollierten Korridor, der ebenso allen West-Berlinern freien Zugang ermöglichte.

Im Transitverkehr zwischen West-Berlin und dem Bundesgebiet ist eine rasche Abfertigung mit geringen Kontrollen gewährleistet. Die die Transitstrecken benutzenden Lkws brauchen nicht mehr untersucht zu werden, sondern werden verplombt.

Durch eine vereinfachte Regelung für Besuche von West-Berlinern in Ost-Berlin kann auch hier eine zügige Abfertigung erfolgen. Trotzdem bleibt das Problem einer Freizügigkeit, die überwiegend nur in eine Richtung gewährt wird.

Four Powers Agreement and German-German agreements. Decisive improvements are achieved under the Four Powers Agreement (coming into effect on June 3rd 1972) and various German-German arrangements (regulations governing West Berliners travelling through the GDR and to East Berlin, transit agreement, basis treaty, etc.). Shortly after taking up office Berlin's mayor Klaus Schütz had been obliged to visit Steinstücken, the West Berlin exclave in GDR territory, by American military helicopter (October 29th 1967). Only the 200 inhabitants of the tiny „island" had received passes. In 1972, as a result of the above agreements, Steinstücken is granted a new status and can be reached by all West Berliners through an unchecked corridor.

A swift clearance with minimal control is ensured for transit traffic between West Berlin and the Federal Republic. Heavy goods vehicles using the transit routes are no longer searched, but sealed.

Simplified regulations for visits by West Berliners to East Berlin also enable rapid clearance. But the problem remains that freedom of movement is for the most part only guaranteed in one direction.

Accord quadripartite et conventions inter-allemandes. En liaison avec l'Accord quadripartite (entré en vigueur le 3 juin 1972) et les conventions inter-allemandes (Accord sur les allégements des déplacements de voyageurs et de visiteurs de Berlin-Ouest en RDA et à Berlin-Est, accord sur la circulation en transit, traité sur les bases des relations, etc.), plusieurs allégements substantiels ont été obtenus. Lorsqu'il a pris ses fonctions, le bourgmestre régnant de Berlin Klaus Schütz a dû se rendre dans l'enclave de Steinstücken appartenant à Berlin-Ouest, le 29 octobre 1967, dans un hélicoptère américain. Les 200 habitants de cet «îlot» étaient seuls à obtenir un laissez-passer permanent. Ce n'est qu'en 1972, après ce qu'il est convenu d'appeler les conventions,

que Steinstücken reçut un nouveau statut avec la création d'un corridor sans contrôle, auquel avaient accès librement les Berlinois de l'Ouest eux aussi.

En ce qui concerne la circulation en transit entre Berlin-Ouest et le territoire fédéral, les contrôles deviennent plus rapides et moins longs. Les camions empruntant les voies de transit ne sont plus contrôlés mais plombés.

La réglementation des déplacements de Berlinois de l'Ouest à Berlin-Est s'allège elle aussi et les contrôles sont moins nombreux. Le problème de la liberté de circulation reste toutefois posé dans son intégralité puisqu'elle n'est garantie pour l'essentiel que dans une seule direction.

4. Geschehnisse an der MAUER

Incidents at
THE WALL

Incidents sur
LE MUR

4.1.
Flucht und Fluchthilfe

4.1.
Escapes and escape
helpers

4.1.
Fuites et passeurs

15.8.61 - der erste geflüchtete Grenzsoldat. Plötzlich rannte er los, warf sein Gewehr weg, um noch schneller zu sein. Die begeisterte Menge vor dem West-Berliner Polizeirevier will ihn noch einmal sehen.

August 15th 1961 - the first border guard flees. He suddenly makes a run for it, throwing his weapon away for more speed. The delighted crowd in front of the West Berlin police station wants to see him one more time.

15 août 1961 - premier garde-frontière fugitif. Soudain, l'homme se mit à courir, jeta son arme pour aller encore plus vite. Devant un commissariat de Berlin-Ouest, la foule enthousiaste qui s'est rassemblée exige de le voir.

In den nächsten Tagen flohen weitere. „Komm doch, komm doch!" riefen ihm die West-Berliner zu. Es war wenige Tage nach dem „13. August". Zunächst war er unentschlossen, dann zeichnet sich in seinem Gesicht die Spannung ab, nachdem der Entschluß gefaßt war. Immer wieder schaute er zurück, denn auf Fahnenflüchtige wird ohne Warnschuß sofort gezielt geschossen. In wenigen Sekunden gelang der Sprung.

During the following days more guards flee. „Come on, come on!" call out West Berliners. It is a few days after the „13th of August". At first he is undecided, then the tension shows in his face once his mind is made up. He keeps looking back, because escapees are immediately fired on without warning shots. A few seconds later his jump succeeds.

Les jours suivants, plusieurs autres prirent la fuite à leur tour, comme celui-ci. Les Berlinois de l'Ouest ne cessaient de crier à son adresse: «Allez viens, viens ici!» C'était quelques jours seulement après le «13 août». Dans un premier temps, l'homme ne savait que faire mais il finit par se décider, conscient de la gravité de ce qu'il allait faire comme nous le voyons sur la photo. Pendant sa fuite, il s'est retourné plusieurs fois car la règle était de tirer sans sommation sur les déserteurs. En quelques secondes, il était arrivé à son but.

Der Fluchthelfer schneidet den Draht auf. Zuerst kommt der Freund, dann die Braut und deren Freundin. Vopos sehen die Flüchtlinge, und die Braut bleibt dazu noch im Draht hängen! Tränengasbomben werden geworfen und nehmen den Vopos die Sicht. Sie kommen zu spät. Auf dem Foto das glückliche Paar - wenige Sekunden später (1961).

The escape helper cuts through the wire. His friend crosses first, followed by the fiancée and her friend. East Berlin police see the fugitives, and the bride is stuck in the wire! Teargas bombs are thrown to prevent the police from seeing clearly. They arrive too late. The picture shows the happy couple - a few seconds later (1961).

Le passeur coupe les barbelés. Son ami passe le premier, ensuite sa fiancée et enfin l'amie de celle-ci. Les Vopos ont vu toute la scène et, comble de malchance, la jeune femme s'emprisonne dans les barbelés! Les passeurs lancent des grenades lacrymogènes et masquent la vue aux Vopos. Ils arriveront trop tard. Notre photo: le couple heureux quelques secondes plus tard (1961).

Bernauer Straße. Die Grenzposten dringen in die Wohnungen ein, begleitet von Maurern, welche nun auch die Fenster der oberen Stockwerke zumauern sollen. Viele Zurückgebliebene kann jetzt nur noch der Sprung aus dem Fenster retten. So auch diese 77jährige, die eine Viertelstunde über dem ausgespannten Sprungtuch stand. Da drangen Funktionäre in ihre Wohnung ein, warfen eine Rauchkerze in das aufgespannte Sprungtuch und wollten sie wieder nach oben ziehen. Eingeschüchtert von den Drohungen der Menge wurde die Frau schließlich losgelassen. Alles ging gut.

Bernauer Straße. Border guards force their way into the flat, accompanied by bricklayers whose job it is to wall up the upper-storey windows. The only remaining course of action for those left behind is to jump out of the window, like this 77-year-old woman, immobilised for a full quarter of an hour above the jumping sheet. Functionaries force their way into her flat, throw a smoke-flare onto the sheet and try to pull her back up. Intimidated by the threats of the crowd, they finally release her. All goes well.

Bernauer Strasse. Les garde-frontières font irruption dans les appartements, accompagnés de maçons qui doivent fermer les fenêtres des étages supérieurs après que celles du dessous ont déjà été barrées. Pour beaucoup de ceux qui sont restés, il n'y avait pour toute solution que de sauter par la fenêtre, par exemple cette femme de 77 ans qui hésite pendant près d'un quart d'heure, ne quittant pas des yeux le drap que l'on tient tendu sous elle. Les agents du pouvoir pénètrent dans l'appartement et lancent un projectile incendiaire sur le drap puis essaient de l'accrocher et de le relever. Sous les menaces de la foule rassemblée là, les agents du pouvoir finissent par relâcher la vieille dame. Cette fuite se terminait heureusement.

Dieser sechsjährige Junge fiel gut ins Tuch, aber seine Mutter erlitt bei dem Sprung schwere innere Verletzungen und der Vater einen Wirbelsäulenschaden. „Trotzdem würde ich noch einmal springen", sagte der Vater. Bei den Sprüngen verfehlten vier Flüchtlinge das Tuch und starben an den Verletzungen (August bis Oktober 1961).

This six-year-old boy was able to jump unharmed onto the sheet, but his mother received serious internal injuries and his father suffered spinal damage. „But I would jump again," says the father. Four fugitives miss the sheet and die of their injuries (August to October 1961).

Cet enfant de six ans sauta sans difficulté dans le drap mais sa mère fut victime de plusieurs lésions internes et son père se blessa à la colonne vertébrale. Son commentaire: «Malgré cela, je recommencerai si c'était à refaire.» Quatre fugitifs sautèrent à côté du drap et périrent de leurs blessures (août à octobre 1961).

Dieses Mädchen kam eines Tages zu diesem Studenten mit der Bitte, ihre Mutter herüberzuholen. Der 20jährige Fluchthelfer Dieter Wohlfahrt hatte bereits über 50 Menschen uneigennützig durch den Draht geholt. Ohne das Mädchen oder deren Mutter näher zu kennen, erklärte er sich bereit. An einer bestimmten Stelle in Staaken, wo die Mutter bereits in Grenznähe wartete und ein verabredetes Zeichen gab, schnitt Dieter Wohlfahrt den Draht auf. Aus einem Hinterhalt trafen ihn tödliche Schüsse. Der aus Abscheu über dieses Verbrechen geflüchtete Soldat Heinz Kliem berichtete, daß die Mutter bereits zwei Stunden vor der Tat in der Kompanie erschienen war und daß der Fluchtplan dort bekannt war. Das Mädchen war in nächster Nähe, als Dieter Wohlfahrt erschossen wurde (9.12.61). Das Foto von ihr wurde kurz danach aufgenommen.

One day this girl came to this student asking him to get her mother across. The 20-year-old escape helper Dieter Wohlfahrt has already selflessly helped 50 people through the wire. He does not know the girl or her mother, but agrees to help. He cuts through the wire at a point in Staaken, after the mother, who is already waiting near the border, gives an arranged signal. He is ambushed and shot dead. Soldier Heinz Kliem, fleeing in disgust at this crime, reports that the mother had appeared at the guard company two hours before, and that the escape plan was known. The girl was in the immediate vicinity as Dieter Wohlfahrt was shot (December 9th 1961), and this photograph of her was taken shortly afterwards.

Un jour, cette jeune fille rendit visite à l'étudiant Dieter Wohlfahrt pour lui demander de faire passer sa mère. Dieter Wohlfahrt, 20 ans, était passeur par conviction et avait déjà aidé 50 personnes à franchir les barbelés. Sans qu'il connaisse la jeune femme ni sa mère, il n'hésita pas. Il avait été convenu qu'à un certain point de la frontière à Staaken, la mère attendrait non loin de là et, sur un signe d'elle, Dieter Wohlfahrt dégagerait un chemin dans les barbelés. Mais les coups de feu d'hommes embusqués retentissent et tuent Dieter Wohlfahrt. Horrifié par ce crime, le soldat Heinz Kliem s'enfuit peu de temps après et déclara que la mère de la jeune femme s'était présentée deux heures plus tôt au poste de commandement de la compagnie et que l'on y connaissait le plan de fuite. La jeune femme était à quelques mètres de Dieter Wohlfahrt lorsqu'il fut assassiné (9 décembre 1961). Cette photo d'elle a été prise peu de temps après.

In dem Prozeß gegen Harry Seidel, der bei seiner Verhaftung (November 1962) eine Pistole in der Tasche hatte, kam die Tatsache der Fluchthilfe und der Zusammenführung von Familien nicht zur Sprache. In der Urteilsbegründung hieß es: „Seidel und andere Mitglieder von Terrororganisationen drangen in einer großen Anzahl von Fällen durch unterirdisch in das Hoheitsgebiet der Deutschen Demokratischen Republik vorgetriebene Stollen mit schußfertigen Pistolen und Maschinenpistolen ein und entführten Bürger der Deutschen Demokratischen Republik. Die von dem Angeklagten begangenen Verbrechen stellen die unmittelbare Verwirklichung der aggressiven Gewaltpolitik der revanchistischen und militaristischen Kreise der Bonner Regierung und des Westberliner Senats dar, die die Welt in die Katastrophe eines mit Atom- und Raketenwaffen geführten dritten Weltkrieges zu stürzen droht. Die staatlich organisierte systematische Unterminierung der Staatsgrenze der DDR ist daher Kriegsvorbereitung und Aggression." 1966, nach 4 Jahren Haft, wurde Harry Seidel entlassen, nicht zuletzt infolge der Proteste aus allen Teilen der Welt.

Facts about helping people to escape and bringing families together are not mentioned at the trail of Harry Seidel, who was carrying a pistol in his pocket at the time of his arrest (November 1962). His sentence states that „Seidel and other members of terrorist organisations forced incursion by means of tunnels stretching underground into sovereign territory of the German Democratic Republic and abducted its citizens with loaded pistols and machine guns. The crimes committed by the accused represent the direct realisation of the aggressive politics of force propagated by revanchist, militarist circles in the Bonn government and the West Berlin Senate, which threaten to plunge the world into a nuclear third world war. The state-organised, systematic undermining of the border of the GDR is for this reason a belligerent act of aggression." Harry Seidel is released in 1966 after 4 years imprisonment, not least as a result of protests from all around the world.
(On the placards: „Escape helper Harry Seidel, unlawfully sentenced to life imprisonment by the zone regime, has been in jail for one year! The free

98

-stundige Fastenaktion fur die
heit von Harry Seidel
d tausender politischer
angener in der Sowjetzone!

FREIHEIT
für Harry Seidel
und tausende
politische Gefangene
in der Sowjetzone

RECHTSBRUCH-
STELLUNG EINES RECHTS

world demands freedom for Harry
Seidel and thousands of political
prisoners!"

"24-hour fast for the freedom of
Harry Seidel and thousands of political
prisoners in the Soviet zone!"

"Freedom for Harry Seidel and
thousands of political prisoners in the
Soviet zone."

"THE WALL BREACHES RIGHTS
ESCAPE HELP RE-ESTABLISHES
RIGHTS.")

Au procès de Harry Seidel qui, au
moment de son arrestation (novembre 1962), était porteur d'un revolver,
aucune allusion n'a été faite à l'aide
aux fugitifs et à la réunion des
familles. Le tribunal disait dans ses
motifs: «Seidel et d'autres membres
de son organisation terroriste ont
pénétré à plusieurs reprises sur le
territoire de la République Démocratique Allemagne par des tunnels percés
sous ce territoire, armés de revolvers
et de pistolets-mitrailleurs prêts à tirer
et ont enlevé des ressortissants de la
République Démocratique Allemande.
Les crimes commis par les accusés
constituent la concrétisation directe
de la politique de violences agressives
de la part des revanchards et
militaristes du gouvernement ouest-
allemand et du Sénat de Berlin-Ouest
qui menace de précipiter le monde
dans la catastrophe d'une troisième
guerre mondiale avec les armes
atomiques et balistiques. En conséquence, l'action de sape de la
frontière de la RDA organisée par les
milieux officiels constitue un prépara-
tif de guerre et un crime d'agression.»
Harry Seidel a été libéré en 1966,
après quatre ans de détention,
principalement sous la pression des
protestations du monde entier.

(Sur les affiches: «Le passeur
Harry Seidel, qui a été condamné
illégalement par le régime de la zone
soviétique à la détention à perpétuité,
est emprisonné depuis un an! Le
monde libre exige la liberté pour Harry
Seidel et des milliers de détenus
politiques!»

«Grève de la faim de 24 heures
pour la liberté de Harry Seidel et de
milliers de prisonniers politiques dans
la zone d'occupation soviétique!»

«Liberté pour Harry Seidel et des
milliers de prisonniers politiques dans
la zone soviétique.»

«LE MUR EST UN DENI DU DROIT
- AIDER A LE FRANCHIR C'EST RETA-
BLIR UN DROIT.»)

Diese Ost-Berlinerin schneiderte die sowjetischen Uniformen für ihre deutschen Freunde. Die Kontrollpunktposten erwiderten respektvoll den gut einstudierten Gruß der „Sowjet-Offiziere". Nach geglückter Flucht wird das Mädchen aus dem Versteck gezogen (Frühjahr 1962).

This East Berlin woman sewed Soviet uniforms for her friends. The checkpoint guards respectfully return the well-rehearsed greeting of the „Soviet officers", and after the successful escape the girl is released from her hiding place (spring 1962).

Cette Berlinoise de l'Est a confectionné les uniformes soviétiques pour ses amis allemands. Les sentinelles de faction ont répondu avec respect au salut des «officiers soviétiques» que les fugitifs avaient exercé pendant longtemps. Au terme de la fuite, la jeune femme est extraite de sa cachette (printemps 1962).

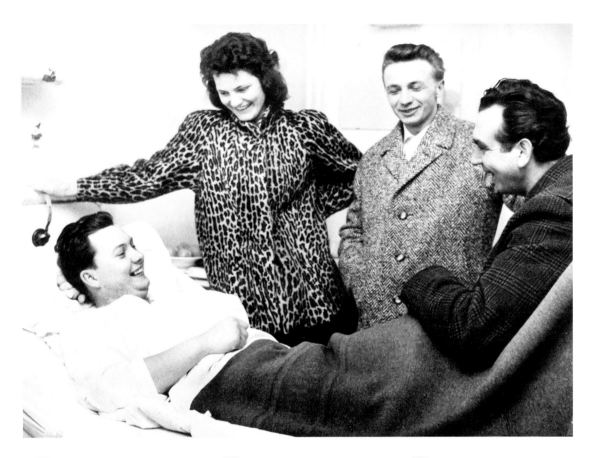

Zusammen mit drei Freunden flüchtete der im Grenzdienst eingesetzte Unteroffizier der Nationalen Volksarmee, Rudi Thurow (auf dem Foto zweiter von rechts, Februar 1962). Die Gruppe wurde jedoch von anderen DDR-Posten entdeckt und beschossen. Thurow erwiderte die Schüsse und deckte so die Flucht. Anschließend flüchtete er selbst. Nur einer erlitt leichte Verletzungen. Thurow rechtfertigte seine Schüsse später öffentlich. Er habe bewußt über die Köpfe der Posten hinweggezielt, um sie in Deckung zu zwingen. Ihm sei es in erster Linie um das Leben seiner Freunde gegangen.

Rudi Thurow (second from the right in the photograph, February 1962), an NCO of the East German army („Nationale Volksarmee") on border control deployment, makes his escape together with three friends. However the group is discovered and fired on by other border guards. Thurow returns the fire to give the fugitives cover, finally escaping himself. Just one of the three suffers light injuries. Later, Thurow justifies his shooting in public. He had consciously aimed above the heads of the guards to force them to take cover. He had been first and foremost concerned for the lives of his friends.

Avec trois amis, le sous-officier de l'Armée nationale populaire Rudi Thurow (sur la photo deuxième à partir de la droite, février 1962) affecté à la garde des frontières, a réussi à s'enfuir. Toutefois, d'autres sentinelles de la RDA ont découvert le groupe et ont commencé à tirer. Thurow s'est servi de son arme pour couvrir la fuite, après quoi, il a rejoint le groupe. Seul un homme fut légèrement blessé. Thurow s'est expliqué publiquement par la suite et a dit qu'il avait bien visé au-dessus des têtes pour forcer les garde-frontières à se mettre à l'abri. Il voulait avant tout protéger la vie de ses amis.

Geflüchtete DDR-Posten, darunter auch Offiziere, halten Vorträge über die Situation in der DDR und speziell in der Nationalen Volksarmee bzw. bei den Grenztruppen. Michael Mara, Ex-Soldat und Redakteur einer FDJ-Zeitung, spricht an einer Schule, Ex-Leutnant Ralf Molter im Haus am Checkpoint Charlie.

Fugitive GDR guards, among them officers, give lectures about the situation in the GDR, and particularly in the army and border troops. Michael Mara, ex-soldier and editor of an FDJ newspaper (FDJ = „Freie Deutsche Jugend" - „Free German Youth" - a communist youth organisation) speaks in a school; Ex-Lieutenant Ralf Molter at the „Haus am Checkpoint Charlie".

Les garde-frontières de RDA qui avaient pris la fuite, parmi eux des officiers, présentèrent des conférences publiques sur la situation en RDA et plus spécialement l'Armée nationale populaire et les garde-frontières. Nous voyons ici Michael Mara, ancien soldat et rédacteur d'un journal de l'organisation de jeunesse FDJ, s'adresser aux élèves d'une école, et l'ancien sous-lieutenant Ralf Molter, à la Maison de Checkpoint Charlie.

Appell an die vielen Touristen an der Mauer, hinter den DDR-Soldaten auch den Menschen zu sehen, von denen viele nie gezielt auf Flüchtlinge geschossen hätten: „So können sie zu uns herübersehen oder so. Durchschaut die Uniform! Und wo ihr den Menschen entdeckt habt, beweist es durch einen freundlichen Gruß. Zehnmal größer wäre die Zahl der Maueropfer, wenn alle Zielschüsse abgeben würden.“

An appeal to the many tourists to the wall to see the human being behind the GDR soldier, many of whom have never shot deliberately at fugitives. „There are two ways to look at us. See through the uniform! And when you see the human being, prove it with a friendly wave. The wall's victims would be ten times as many if all the guards shot to kill.“

Les nombreux touristes visitant le Mur sont invités à considérer que beaucoup de soldats de la RDA ont évité soigneusement de viser sur des êtres humains: «Ils peuvent nous voir d'une manière ou d'une autre. Inspectez les uniformes. Si vous croyez reconnaître un homme, traduisez votre découverte par un salut amical. Si tous les tirs sur le Mur avaient été ajustés, le nombre des victimes serait dix fois plus élevé.»

Sterbend fuhr Klaus Brüske die Flüchtlinge in die Freiheit (18.4.62). Der Einschuß (Pfeil) war tödlich.
14 Durchbrüche mit schweren Fahrzeugen ereigneten sich im ersten Jahr.

Klaus Brüske, dying, drives fugitives to freedom (April 18th 1962). The bullet (arrow) was deadly.
The wall is breached using heavy vehicles 14 times during its first year.

Mourant, Klaus Brüske a la force de conduire les fugitifs en liberté (18 avril 1962). La blessure (flèche) était mortelle.
La première année, il y eu 14 fuites avec des véhicules lourds.

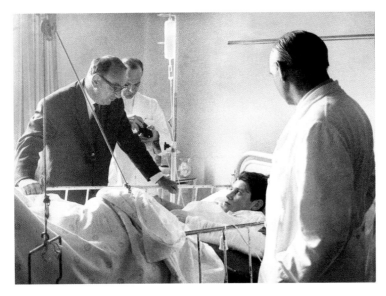

Auf diesen 14jährigen (auf dem Foto mit Bürgermeister Heinrich Albertz an seinem Krankenbett) wurde das Feuer eröffnet. In Erwiderung des Feuers durch West-Berliner Polizei wurde ein DDR-Grenzposten getötet (23.5.62). Fotos des Erschossenen und der Totenfeier versandten die DDR-Agenturen kostenlos in alle Teile der Welt.

In den 28 Jahren zwischen dem „13. August" und dem „9. November" wurden 16 DDR-Grenzposten erschossen, zumeist von Fahnenflüchtigen. Im selben Zeitraum wurden 511 Fluchtopfer an den Grenzen um West-Berlin und zur Bundesrepublik registriert. Die Gesamtzahl der Opfer des DDR-Grenzregimes liegt noch weit höher.

This 14-year-old boy (in the photograph with Mayor Heinrich Albertz at his hospital bed) was fired on. A GDR border guard was killed when the West Berlin police returned fire (May 23rd 1962). GDR agencies send photographs of the dead man and of his memorial service free of charge throughout the world.

In the 28 years between the „13th of August" and the „9th of November", 16 GDR border guards are shot dead, mainly by fugitives. For the same period there are 511 registered victims of the border around West Berlin and to the Federal Republic. The total number of victims of the GDR border regime is much larger.

Les soldats ont ouvert le feu sur cette fillette de 14 ans (notre photo le maire Heinrich Albertz à son chevet à l'hôpital). La police de Berlin-Ouest répondit au tir et un garde-frontière de RDA fut tué (23 mai 1962). Les agences de presse de RDA ont envoyé gratuitement dans le monde entier les photos de la victime et de l'enterrement.

Durant les 28 années entre le «13 août» et le «9 novembre», 16 garde-frontières de RDA ont trouvé la mort, la plupart tués par des soldats fugitifs. Le bilan des victimes civiles aux frontières de Berlin-Ouest et de la République Fédérale pour la même période est par contre de 511. Le nombre total des victimes du régime frontalier de la RDA est beaucoup plus élevé.

EHRENTAFEL

109

Der Tunnel von Siegfried Noffke, der Frau und Kind holen wollte, war solide gebaut. Er konnte nicht wissen, daß zwei Häuser entfernt Studenten auch einen Tunnel bauten, der eine Erdsenkung verursachte und so ein geheimes Suchkommando der Volkspolizei alarmierte. Mit diesem Wagenheber wurde der Fußboden durchbrochen. Als Noffke ausstieg, wurde er erschossen (28.6.62), zwei seiner Helfer verhaftet und zu einer lebenslänglichen Gefängnisstrafe verurteilt.

The tunnel Siegfried Noffke was digging to fetch his wife and child was solidly built. But he couldn't know that two houses away students were also digging a tunnel. This causes a subsidence which alarms an under-cover East Berlin police search commando, who break through the floor with this jack. Noffke is shot as he emerges (June 28th 1962). Two of his helpers are arrested and sentenced to life imprisonment.

Le tunnel qu'avait percé Siegfried Noffke, dans l'espoir de faire venir son épouse et son enfant, était solide. Il ne pouvait pas savoir que deux immeubles plus loin, des étudiants perçaient eux aussi un tunnel qui provoqua un affaissement de terrain et mit en alerte un commando de spécialistes de la Volkspolizei. Le plancher a été percé avec ce cric. Lorsque Noffke sortit de terre, il fut abattu (28 juin 1962), deux de ses aides ont été arrêtés et condamnés à la réclusion perpétuelle.

Peter Fechter. „Helft mir doch!" rief der 18jährige. 50 Minuten lag er verblutend an der Mauer, ohne ärztliche Hilfe und ohne daß die Posten aus ihren Verstecken herauskamen. Ihr eigenes Leben riskierend, versuchten West-Berliner Polizisten, ihm Verbandspäckchen zuzuwerfen. Er war zu schwach. Sterbend wurde er schließlich fortgetragen (17.8.62).

Peter Fechter. „Help me, please!" calls out the 18-year-old. He lies bleeding to death on the wall, for 50 minutes, without medical assistance or help from the guards, who remain in hiding. Risking their own lives, West Berlin police try to throw him bandages. He is too weak.
He is finally carried away, dying (August 17th 1962).

Peter Fechter. Le jeune garçon de 18 ans, grièvement blessé, ne cessait d'appeler: «Aidez-moi! Aidez-moi!» Pendant 50 minutes il fut ainsi laissé dans son sang au pied du Mur, sans assistance médicale, sans que les sentinelles se risquent à sortir de leurs cachettes. Au péril de leur vie, les policiers de Berlin-Ouest cherchèrent à lui lancer des pansements. Mais la victime était trop affaiblie. Finalement, il est enfin transporté mourant (17 août 1962).

Stumm waren die Zeugen in Ost-Berlin. Nach weiteren zwei Stunden flüchtete der mutmaßliche Mordschütze aus dem Haus.

Witnesses in East Berlin are silent. After a further two hours the presumed culprit flees from the building.

Les témoins à Berlin-Est gardaient un silence lourd de reproches. Deux heures plus tard, le meurtrier présumé s'enfuit de la maison.

„Mörder!" schrien die West-Berliner immer wieder, stundenlang. Nach West-Berlin einfahrende Fahrzeuge mit Sowjetsoldaten wurden mit Steinen beworfen.

Das Haus wurde später gesprengt. Der Pfeil zeigt die Scharte, aus der der tödliche Schuß fiel.

„Murderer!" scream West Berliners, again and again, for hours. Vehicles conveying Soviet soldiers into West Berlin are pelted with stones.

The building is later blown up. The arrow shows the gunport through which the shot was fired.

Les Berlinois de l'Ouest rassemblés ont scandé «Assassins!» des heures durant. Les véhicules soviétiques partis pour Berlin-Ouest furent accueillis par des jets de pierres.

La maison a été dynamitée par la suite. La flèche indique la meurtrière d'où a été tiré le coup mortel.

Hans-Dieter Wesa. Von den Kameraden seiner eigenen Kompanie erschossen, unter dieser Brücke, unter den Worten „DDR - die Bastion des Friedens in Deutschland" (23.8.62).

West-Berliner Plakat, an die DDR-Grenzposten gerichtet (November 1962): „Unter Ulbricht kann ich nicht mehr Offizier sein!" sagte dieser Oberstleutnant. Am ganzen Ring um West-Berlin war Alarm nach seiner Flucht. Er ist einer von fast 2.000 geflüchteten Soldaten und Offizieren in den ersten fünf Jahren nach dem Bau der Mauer.

Hans-Dieter Wesa. Shot by comrades from his own company, under this bridge, beneath the words „GDR - Bastion of Freedom in Germany" (August 23rd 1962).

West Berlin poster addressing GDR border guards (November 1962). „I can no longer be an officer under Ulbricht!" says this lieutenant colonel. The whole of the ring around Berlin was on the alarm after his defection. He is one of almost 2,000 fugitive soldiers and officers during the first five years after the building of the wall.

Hans-Dieter Wesa. Tué par les soldats de sa compagnie, sous ce pont portant le slogan: «La RDA: Bastion de la paix en Allemagne» (23 août 1962).

Affiche de Berlin-Ouest dirigée vers les garde-frontières de RDA (novembre 1962): «Je ne peux plus être officier sous Ulbricht», déclare ce lieutenant-colonel. Après sa fuite, tous les hommes de l'enceinte autour de Berlin-Ouest ont été mis en état d'alerte. Il était l'un des près de 2.000 soldats et officiers qui se sont enfuis durant les cinq premières années après la construction du Mur.

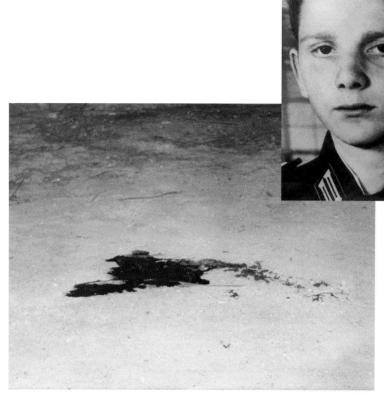

MARTIN LÖFFLER ehem. Oberstleutnant
und Kommandeur des 2. MOTORISIERTEN SCHÜTZENREGIMENTS
in der 1. MOTORISIERTEN SCHÜTZENDIVISION:

Unter Ulbricht kann ich nicht mehr Offizier sein!

Ein Armeewagen ist durchge-brochen (17.4.63). Der Fahrer wußte, an welcher Stelle die „Grenzsiche-rungsanlagen" ausbesserungsbe-dürftig waren und nutzte seine Kenntnis.

Am nächsten Morgen während der Ausbesserungsarbeiten: Drei Soldaten und drei Offiziere betrachten die Durchbruchstelle des Fahrzeuges ihrer Kompanie.

An army vehicle has breached the wall (April 17th 1963). Its driver knew which sections of the „border security installations" were in need of improvement, and took advantage of his information.

Next morning during repair work. Three soldiers and three officers observe the opening caused by their company's vehicle.

Un véhicule militaire a franchi les obstacles (17 avril 1963). Le con-ducteur savait à quel endroit le «dispositif de sécurité de la frontière» était défectueux et sut en profiter.

Le lendemain matin, pendant les travaux de réfection. Trois soldats et trois officiers inspectent l'endroit où le véhicule de leur compagnie a percé une brèche.

Auf einer Strecke von 100 Metern wurde der Omnibus von allen Seiten beschossen (12.5.63). Trotzdem fuhr der Fahrer weiter. Die Flüchtlinge warfen sich im Bus auf den Boden. Keiner kam durch. Viele Schwerverletzte. Immer seltener gelingen Fahrzeugdurchbrüche.

The bus is fired on from all sides over a distance of 100 metres (May 12th 1963), but the driver does not stop. The escapees in the bus throw themselves onto the floor. No one gets through. Many are seriously injured. Breaches by vehicles become less and less successful.

Sur une centaine de mètres, l'autocar a été criblé de balles de tous les côtés (12 mai 1963). Sous le déluge, le conducteur a su piloter son véhicule. Les fugitifs s'étaient jetés sur le plancher de l'autocar. Aucun ne put atteindre le but et beaucoup furent grièvement blessés. Il était de plus en plus difficile de forcer les obstacles avec un véhicule.

Er war Österreicher. In West-Berlin hatte er in einem Autoleih-geschäft auf dem Kurfürstendamm einen Wagen entdeckt, der so niedrig war, daß er unter dem Schlagbaum hindurchpaßte. Mit seiner Braut und der Schwiegermut-ter gelang die Flucht (Mai 1963). Bald danach entdeckte ein Argenti-nier denselben Wagen in demselben Leihgeschäft. Er hatte dieselbe Idee. „Ist das nicht der Wagen von neu-lich?" fragte der Posten bei der Einfahrt. Der Argentinier wußte von nichts, und auch ihm gelang die Flucht mit seiner Braut. Beide Paare heirateten wenige Wochen später. An den Schlagbäumen aber wurden senkrechte Hängestäbe angebracht.

He was an Austrian. In a car-hire showroom on the Kurfüstendamm in West Berlin he had discovered a vehicle low enough to pass underneath the barrier. The escape, with his wife and mother-in-law, is a success (May 1963). Soon after, an Argentinian discovers the same car in the same showroom. He has the same idea. „Isn't that the car we had recently?" asks the guard as he drives in. The Argentinian doesn't know what the guard is talking about, and his escape with his bride is also a success. Both couples marry a few weeks later. Vertically hanging bars are attached to the barrier.

Il était Autrichien. A Berlin-Ouest, Kurfürstendamm, il avait découvert dans une agence de location de voitures sans chauffeur une voiture si basse qu'elle devait pouvoir passer sous la barrière. Il réussit à forcer le passage avec sa fiancée et sa future belle-mère (mai 1963). Peu de temps après l'attention d'un Argentin fut attirée par la même voiture dans la même agence. Il pensa lui aussi la même chose. A l'entrée à Berlin-Est, la sentinelle demanda s'il ne s'agissait pas de la même voiture que quelques jours plus tôt mais l'Argentin n'était au courant de rien. Lui aussi réussit à s'enfuir avec sa fiancée. Les deux couples célébrèrent leur mariage quelques semaines plus tard mais entre-temps, la barrière avait été garnie de chicanes verticales.

18 Mal gelang die Flucht in diesem Fahrzeug. Aber nur im ersten Jahr nach dem Bau der Mauer konnte dieses Versteck riskiert werden. Danach hatten die Grenzkontrolleure geeichte Meßstäbe, mit denen sie die Abmessungen jeder Fahrzeugtype kontrollieren konnten. An den Meßstäben sind Spiegel angebracht, um jedes Fahrzeug von unten betrachten zu können.

Von diesen Kontrollen war nur das kleinste aller Automobile ausgeschlossen. In einer Isetta einen Flüchtling zu verstecken erschien unmöglich. Und gerade darauf baute ein Fluchtunternehmen im Jahre 1964 auf. Die neun Flüchtlinge waren jedesmal dort versteckt, wo sonst die Isetta ihre Heizanlage und Batterie hatte. Jetzt steht das Fahrzeug in der Ausstellung im Haus am Checkpoint Charlie.

18 successful escape attempts were carried out using this vehicle. But it could only be risked as a hiding place during the first year of the wall's existence. From then on, border guards have special measuring-rods with which to check the dimensions of every type of vehicle. The rods have mirrors attached, in order to be able to check vehicles from below.

Only the smallest of all cars, the Isetta, was excluded from these checks. It seemed impossible to hide a fugitive in an Isetta. Yet this was exactly what one escape venture of 1964 did. The nine refugees in all were hidden each time in the space where the Isetta's battery and heating system were normally found. The vehicle can now be seen in the exhibition at the „Haus am Checkpoint Charlie".

Ce véhicule a pu faire passer des fugitifs 18 fois, mais ce type de cachette ne put servir que dans les premiers mois qui suivirent la construction du Mur. Ensuite, les garde-frontières furent équipés de jauges de profondeur pour vérifier les dimensions de caisse de tous les véhicules. Les jauges sont dotées d'un système de miroirs permettant d'observer minutieusement la partie inférieure de chaque véhicule.

Seule la plus petite voiture existant alors échappa à ce contrôle. Il semblait totalement impossible de cacher un fugitif dans une Isetta. C'est justement ce qui a donné l'idée à un passeur spécialisé en 1964. A chaque trajet, les fugitifs, neuf au total, étaient cachés là où sont installés le chauffage et la batterie de l'Isetta. Le véhicule se trouve aujourd'hui à l'exposition de la Maison de Checkpoint Charlie.

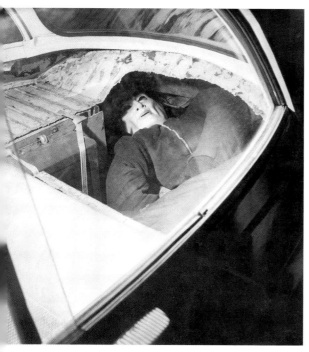

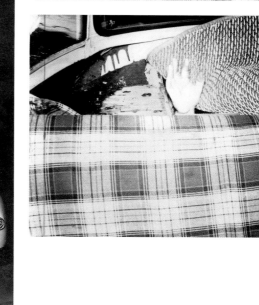

129

Der 21jährige Michael Meyer war bereits unter dem letzten Stacheldraht hindurch und wollte auf die Mauer. Da wurde er beschossen, verletzt und gestellt. Ein Posten wollte den am Boden Liegenden wegschleppen. Der Amerikaner Hans-Werner Puhl kletterte auf die Mauer und rief dem Posten zu: „Laß den Jungen los!" Die im Hausflur befindlichen West-Berliner Polizisten drohten mit ihren Waffen, Warnschüsse fielen. Der Junge wurde freigegeben. Im Foto ist die Stelle zu sehen, wo der Kampf stattfand (13.9.64). Der Regierende Bürgermeister Willy Brandt dankte Puhl für die Rettung.

21-year-old Michael Meyer was already under and through the last barbed wire and making for the wall when he is fired on, injured and stopped. A guard is about to drag the prostrate young man away when the American Hans-Werner Puhl climbs onto the wall and shouts to the guard, „Let the boy go!" West Berlin police in the entrance way fire warning shots. The boy is released. The photograph shows the place where the battle took place (September 13th 1964). Puhl is thanked for this rescue by Mayor Willy Brandt.

Michael Meyer, 21 ans, avait déjà franchi le dernier obstacle de barbelés et s'apprêtait à sauter sur le Mur lorsque les sentinelles se mirent à tirer. Il fut blessé et tenu en respect. Une sentinelle voulait traîner le blessé allongé sur le sol. L'Américain Hans-Werner Puhl avait grimpé entretemps sur le Mur et lança au gardefrontière: «Laisse-le!» Les policiers de Berlin-Ouest illuminés par les projecteurs de RDA brandissaient leurs armes, plusieurs tirs de sommation éclatèrent. Finalement, le garçon fut libéré. Notre photo montre l'endroit où l'affrontement a eu lieu (13 septembre 1964). Le maire Willy Brandt remercia Puhl pour son acte de sauvetage.

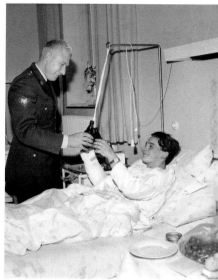

EINGANG

POSTENSTAND

TUNNEL–
AUSGANG

POSTEN–KONTROLLGANG

Der längste Tunnel und die größte Massenflucht (3. und 4.10.64). 145 Meter lang war dieser Tunnel. Er verlief in 12 Meter Tiefe. Der Einstieg war in einem Toilettenhaus eines Hinterhofes, der Ausstieg im Keller einer ausgedienten Bäckerei der Bernauer Straße, die sich der Initiator für 100,- DM monatlich gemietet hatte. Der Tunnel durfte nur 70 Zentimeter hoch sein, weil andernfalls kein Raum für die Sandmassen gewesen wäre.

The longest tunnel and the largest mass escape (October 3rd and 4th 1964). This tunnel was 145 metres long and 12 metres deep. Its entrance was in a courtyard toilet, its exit in the cellar of a disused bakery on Bernauer Straße, which had been rented for the purpose for DM 100,- per month. The tunnel could only measure 70 cm in height, otherwise there would have been no room for all the sand.

Le plus long tunnel et la plus grande vague de fugitifs (3 et 4 octobre 1964). Le tunnel était long de 145 mètres et avait été creusé à 12 mètres de profondeur. L'entrée se trouvait dans un cabinet de WC d'une maison en arrière-cour et la sortie dans la cave d'une boulangerie désaffectée Bernauer Strasse, que l'organisateur avait louée pour 100 DM par mois. Afin de pouvoir maîtriser la grande quantité de terre, le tunnel n'avait que 70 centimètres de hauteur.

Der Sand wird vom Transportwagen abgehoben, hochgezogen und sodann mit einer Schubkarre auf die einzelnen Räume verteilt. 36 junge Menschen, fast alle Studenten, und eine 23jährige junge Frau beteiligten sich. Einziger Lohn: Die Chance, die Braut oder den Freund herüberholen zu können oder auch fremde Familien zusammenzuführen.

The sand is dispatched by a transporting trolley, pulled up and then dispersed by wheelbarrow through the different rooms. 36 young men, almost all students, and a young woman of 23, are involved. Their reward is the chance to fetch over one's bride, or a friend, or to bring other people's families together.

Le sable déblayé est relevé avec le chariot de fortune pour le transport et réparti dans les divers locaux à la brouette. L'entreprise a mobilisé 36 jeunes gens, presque tous des étudiants et une jeune femme de 23 ans. La seule récompense escomptée: la possibilité de retrouver la fiancée ou un ami ou de réunir des familles séparées avec lesquelles ils n'avaient pourtant aucun lien.

Nach einem halben Jahr ange-strengtester Arbeit gelang 57 Personen die Flucht. Auf den Fotos der Älteste, ein Herzkranker, der mit blauen Lippen angekrochen kam, und der Jüngste auf dem Schoß eines Fluchthelfers: „Die Höhle hatte ja gar keine wilden Tiere", sagte er.

After six months of extremely hard work, 57 people are able to escape. The photographs show the eldest, who suffered from a heart condition and whose lips were blue with cold from the long crawl, and the youngest, sitting on the lap of one of the escape helpers. „There weren't any wild animals in the cave," he said.

Après six mois d'un travail forcené, 57 personnes réussirent à s'enfuir. Sur les photos, le plus âgé, malade cardiaque dont le visage trahit les efforts pour ramper, et le plus jeune sur les genoux d'un passeur: «Il n'y avait pas de bêtes sauvages dans la grotte» dit-il pour tout commentaire.

Die Fluchthelfer mußten auf alle Gefahren vorbereitet sein. Mehrmals schon waren Handgranaten oder auch tödlich wirkende Gasbomben in entdeckte Tunnels geworfen worden. Etwa 1.500 junge Menschen wurden in den ersten Jahren nach dem Mauerbau zu Fluchthelfern, darunter viele Ausländer und auch Frauen (als Kuriere). Einige der damaligen Studenten sind heute verdienstreiche Ärzte und Wissenschaftler.

In zwei Nächten wurden auf diesem Brett Flüchtlinge hochgezogen, nachdem sie den Weg durch den Fluchttunnel zurückgelegt hatten.

Zwei Brüder sind wieder beisammen. Der berufstätige West-Berliner hatte während eines halben Jahres an jedem Wochenende in dem Tunnel mitgearbeitet und nur wenige Stunden geschlafen.

The escape helpers had to be prepared for every kind of danger. Hand grenades and deadly gas bombs were often thrown into tunnels that had been detected. About 1,500 young people became escape helpers during the first few years after the building of the wall, among them many foreigners and also women (as couriers). Some of the then students are now wealthy doctors or scientists.

Over two nights refugees were pulled up on this board, having made their way through the tunnel.

Two brothers are together again. The West Berliner, having to work during the week, had worked in the tunnel every weekend for six months, only sleeping for a few hours.

Les passeurs devaient être prêts à toute éventualité. A plusieurs reprises, les agents de la force publique de RDA avaient jeté des grenades à main et même des bombes aux gaz toxiques dans les tunnels qu'ils avaient découverts. Pendant les premières années après la construction du Mur, environ 1.500 jeunes, parmi eux beaucoup de ressortissants étrangers et des femmes (courriers) se mirent au service de la cause des fugitifs. Parmi les étudiants de jadis, certains sont aujourd'hui des médecins et scientifiques émérites.

Les fugitifs ont été tirés pendant deux nuits sur cette planche, après qu'ils aient eu franchi la distance.

Deux frères se retrouvent. Le Berlinois de l'Ouest avait consacré tous ses week-ends au percement du tunnel pendant six mois et s'était contenté de quelques heures de sommeil seulement.

Zweimal waren vier Personen in dieser Kabelrolle versteckt. Dann war das Versteck verraten: Einer 17jährigen, die dabei war, wurde Straffreiheit versprochen, wenn sie nach Ost-Berlin zurückkehre und „ehrlich" sei. Ihre Eltern wurden vom Staatssicherheitsdienst bedroht und fürchteten berufliche Nachteile. Sie ging (1965).

Four people each time are hidden in this cable reel during two escape attempts, before the hiding place is betrayed. One of the fugitives, a 17-year-old girl, is promised freedom from prosecution should she return to East Berlin and „talk". Her parents are threatened by the state security service (Stasi) and now fear professional disadvantagement. She returns (1965).

A deux reprises, quatre personnes ont réussi à se cacher dans cette bobine de câble, mais la cachette avait été éventée. On avait promis l'impunité à une fillette de 17 ans qui se trouvait dans le groupe si elle rentrait à Berlin-Est et avouait. Ses parents étaient menacés par la Stasi et redoutaient pour eux des conséquences professionnelles graves. La fillette finit par se laisser influencer (1965).

Mit Frau und Kind ging er in das grenznahe „Haus der Ministerien", wo er häufig zu tun hatte. Dort schloß er sich in die Toilette ein, wartete, bis es Nacht war, kletterte dann aufs Dach und schleuderte einen Hammer, an dem eine Schnur befestigt war, über die Mauer. Ein Drahtseil wurde hochgezogen. Mit selbstgefertigten „Sesselliften" rollten die drei ab. Erst am Morgen entdeckten die Grenzposten das letzte verbliebene Indiz, das Drahtseil, und zogen es ein (1965).

His wife and child accompany him to the „Haus der Ministerien", where he regularly goes on business. He locks himself and his family in the toilet, where they wait until nightfall. Then he climbs onto the roof and throws a hammer with a line attached to it over the wall. A wire rope is pulled up, and the three roll down on homemade „chairlifts". In the morning the border guards discover the last remaining clue, the wire, and pull it in (1965).

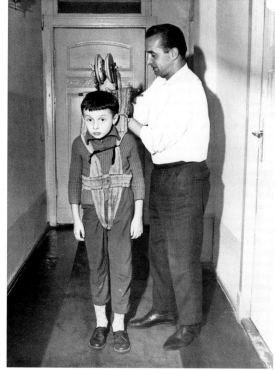

Avec sa femme et son enfant, cet homme se rendit à la «Maison des ministères» où l'appelaient souvent ses obligations professionnelles. Là, il se laissa enfermer dans les lavabos, attendit la nuit et grimpa sur le toit d'où il lança par dessus le mur une corde à laquelle était attachée un marteau, après quoi il tendit un filin d'acier. Les trois fugitifs se laissèrent glisser dans les «nacelles» de leur confection. C'est seulement au petit-jour que les garde-frontières ont découvert ce qui restait de la fuite: le filin, et qu'ils s'empressèrent de le descendre (1965).

Der Flüchtling baute aus einem Fahrradhilfsmotor ein Mini-U-Boot, das ihn am 9.9.68 durch die Ostsee nach Dänemark zog: 25 Kilometer in fünf Stunden. Eine westdeutsche Weltfirma stellte den Erfinder sofort ein, um ein Serienmodell zu entwickeln, das für Sport und Rettungsdienst eine Revolution wurde. Im Haus am Checkpoint Charlie stehen sich das Ur-Modell von 1968 und das 1973 auf den Markt gekommene Serienmodell gegenüber.

This refugee used a bicycle auxiliary motor to construct a mini submarine which, on September 9th 1968, pulled him through the Baltic Sea to Denmark - 25 kilometres in five hours. An international West German company immediately employs the inventor to develop a model for mass production, which later revolutionises rescue work and sport. The 1968 original and the 1973 mass-produced version can both be seen in the „Haus am Checkpoint Charlie".

Avec un entraînement de vélomoteur, ce fugitif a construit un submersible minuscule qui le fit traverser le 9 septembre 1968 la mer Baltique jusqu'au Danemark, sur 25 kilomètres, en cinq heures. Une grande société ouest-allemande a immédiatement embauché l'inventeur pour qu'il mette au point un modèle de fabrication en série qui allait révolutionner le sport et le sauvetage. La Maison de Checkpoint Charlie expose le prototype de 1968 et le modèle de fabrication en série mis sur le marché en 1973.

In einem selbstgebauten Heißluftballon, dem größten bisher in Europa gebauten (25 Meter hoch), flüchteten am 16.9.79 zwei Famili- en. Die Erbauer des Ballons besaßen keine aerodynamischen Kenntnisse, sondern mußten sich diese erst durch Fachliteratur aneignen. Sie bauten Testgeräte für verschiedene Stoffarten und machten Versuche mit verschiedenen Brennstoffen. Als sie die Grenze überflogen, bündelten sich drei Scheinwerfer unter ihnen und sie stiegen bis auf 2.600 Meter Höhe. Sieben Kilometer südlich der Grenzlinie landeten sie. 28 Minuten dauerte der 40 Kilometer-Flug.

On September 16th 1979 two families escape in a hot-air balloon, the biggest ever to have been constructed in Europe (25 metres high). The balloon's builders have no previous aerodynamic expertise, and have acquired their knowledge from specialist literature. They had built prototypes using various different kinds of material and experimented with different fuels. As they fly over the border, three searchlights follow them and they rise to a height of 2,600 metres. They land seven kilometres south of the border after a 28-minute flight of 40 kilometres.

Le 16 septembre 1979, deux couples avec leurs enfants s'enfuirent dans un ballon à air chaud, le plus grand jamais construit jusqu'alors en Europe (25 mètres de hauteur). Les aéronautes d'un jour n'avaient au départ aucune connaissance en aérodynamique et assimilèrent tous les ouvrages spécialisés. Ils construisi- rent des aérostats d'essai avec différents matériaux et firent de nombreux essais de combustible. Lorsqu'ils franchirent la frontière, les feux de trois projecteurs se braquè- rent dans leur direction. Ils montèrent alors à 2.600 mètres de hauteur et atterrirent à sept kilomètres au Sud de la frontière. Le vol de 40 kilomè- tres avait duré 28 minutes.

**Mit Unterstützung des „STERN"
wurde der Ballon für die Fotografen
nochmals aufgeblasen. Im Haus am
Checkpoint Charlie sind nun die
Gondel, zehn Stoffbahnen und das
Instrumentarium zu sehen.**

With the help of „STERN"
magazine the balloon is once again
inflated for photographers. Ten
lengths of material, together with the
balloon's basket and navigation
instruments, are on view in the „Haus
am Checkpoint Charlie".

Avec le soutien du magazine
«STERN», le ballon a été regonflé pour
les photographes. La Maison de
Checkpoint Charlie expose la nacelle,
dix bandes de tissu et les instruments
de navigation.

Das erste selbstgebaute Fluchtflugzeug. Mit diesem Fluggerät flüchtete der 24jährige Student Ivo Zdarsky am 4.8.84 aus der Tschechoslowakei nach Österreich (Fluchtweg ca. 100 km). Mit Ausnahme des Motors (aus einem DDR-Pkw „Trabant"), des Tanks und der Räder sind alle Teile selbst entworfen und gebaut, auch der Propeller. DieTragflächen lassen sich für den Transport zusammenklappen (Länge 3 Meter) und auf dem Dach eines Personenwagens befestigen; die übrigen Teile konnten im Innern des Fahrzeuges untergebracht werden. Das Flugzeug wurde im 5. Stock eines Hauses mit 250 Wohnungen in einem Zimmer mit einer Fläche von 3,5 x 4,1 Meter erbaut und befindet sich nun im Haus am Checkpoint Charlie.

The first home-built aeroplane. In this aircraft 24-year-old student Ivo Zdarsky made his escape from Czechoslovakia into Austria on August 4th 1984, with a flight of about 100 km. With the exception of the motor (a GDR „Trabant" car engine), fuel tank and wheels, he designed and built all the parts himself, including the propeller. The wings can be folded together for transportation (width 3 metres) on a car roof, the other parts being stowed inside the car. The aircraft was built on the fifth floor of a block of 250 flats, in a room measuring 3,5 x 4,1 metres, and is now on view in the „Haus am Checkpoint Charlie".

Premier aéronef de construction artisanale. Avec cet engin volant, l'étudiant Ivo Zdarski, alors âgé de 24 ans, réussit à s'enfuir par la Tchécoslovaquie en direction de l'Autriche (vol d'environ 100 km) le 4 août 1984. A l'exception du moteur (pris sur une «Trabant»), du réservoir et des roues, il a conçu et confectionné luimême toutes les pièces, y compris l'hélice. La structure porteuse (longueur de 3 mètres) est pliante pour permettre le transport sur le toit d'une voiture particulière. Toutes les autres pièces pouvaient prendre place à l'intérieur du véhicule. L'avion a été construit au 5e étage d'un immeuble de 250 appartements, dans une pièce d'une surface de 3,5 x 4,1 mètres. Il est exposé de nos jours à la Maison de Checkpoint Charlie.

ALIEN

The first self-built escape aircraft. 1984
components were only manufactured,
other parts, tank and wheels, all
were self-made. even the propeller

Flugzeug gebaut und nach Wien geflohen

145

Verhaftet bei dem Versuch, von Deutschland nach Deutschland, von Berlin nach Berlin zu gelangen. Über 70.000 Menschen wurden zwischen dem „13. August" und dem „9. November" wegen „Versuchs der Republikflucht" oder auch nur wegen "Vorbereitung" dazu verurteilt. Die Durchschnittsstrafe betrug 16 Monate. Für „Beihilfe zur Republikflucht" (dazu zählt auch die Hilfe, die ein Familienvater seinen Nächsten leistet) war die Durchschnittsstrafe 4 Jahre. Für organisierte Fluchthilfe wurden bis zu lebenslängliche Freiheitsstrafen verhängt. Außer Deutschen wurden über 800 Personen aus etwa 30 verschiedenen Ländern gefangengesetzt, weil sie Bewohnern der DDR zur Flucht verholfen hatten.

Arrested for trying to get to Germany from Germany, to Berlin from Berlin. More than 70,000 people were sentenced between the „13th of August" and the „9th of November" for „attempted illegal emigration" („Republikflucht"), or simply for its „preparation". The average penalty was 16 months. For „aiding and abetting illegal emigration" (including, for example, a father's help for his family), the average punishment was 4 years. For organised escape help, sentences of up to life imprisonment were imposed. Apart from German citizens, over 800 people from approximately 30 different countries were imprisoned for helping citizens of the GDR to flee.

Arrêtés pour avoir tenté d'aller d'Allemagne en Allemagne, de Berlin à Berlin. Entre le «13 août» et le «9 novembre», plus de 70.000 personnes ont été condamnées pour «tentative de fuite», voire même uniquement de «préparation». La moyenne des peines s'établit à 16 mois. Pour «complicité de fuite» (à savoir aussi l'aide qu'un père de famille apporte aux siens), la moyenne des peines était de 4 ans. Plusieurs peines de réclusion a perpétuité ont été infligées aux organisateurs de fuites. En dehors des Allemands, environ 800 ressortissants étrangers, originaires d'une trentaine de pays, ont été arrêtés et condamnés parce qu'ils avaient aidé des habitants de RDA à fuir.

Ein Prozeß vor dem Obersten Gericht der DDR. Einige West-Berliner Fluchthelferorganisationen nutzten die seit den innerdeutschen Vereinbarungen (1972) geringeren Kontrollen, wie besonders hier auf dem Autobahnkontrollpunkt Helmstedt/Marienborn. Festgenommene Mitarbeiter dieser Organisationen wurden mit Gefängnis bis zu 13 Jahren und lebenslänglich wegen „organisierten Menschenhandels" bestraft, auch wenn sie nur die Fahrer der Fluchtautos waren.

A trial before the highest court of the GDR. Organised escape helpers from West Berlin have been taking advantage of the less stringent controls resulting from the recent German-German agreements (1972), as for example here at the motorway checkpoint at Helmstedt/Marienborn. Arrested members of escape organisations received sentences of up to 13 years or life imprisonment for „organised trade in human beings", even for simply driving escape cars.

Procès devant la Cour suprême de la RDA. Plusieurs organisations de passeurs de Berlin-Ouest mettent à profit l'allégement des contrôles à partir des conventions inter-allemandes (1972), principalement ici, au poste-frontière de Helmstedt/Marienborn. Les membres de ces organisations arrêtés ont été punis de peines de réclusion criminelle jusqu'à 13 ans, voire à la réclusion à perpétuité pour «traite d'êtres humains», même s'ils n'avaient été que les conducteurs des véhicules.

In den achtziger Jahren: Trotz der Verbesserungen im innerdeutschen Verhältnis weist die Statistik nach, daß sich die jährliche Gesamtzahl der Flüchtenden von ca. 5.000 seit 1967 kaum verändert hat, sondern allenfalls die Fluchtmethoden. Die Mehrzahl flüchtet in den zurückliegenden Jahren nicht mehr über die Sperranlagen, sondern über Drittländer (vor allem Tschechoslowakei und Ungarn, aber auch Rumänien, Bulgarien und Polen). Der kostspielige Ausbau der „modernen Grenze" erweist sich als Fehlinvestition, und es bewahrheitet sich, daß mit künstlichen Mitteln kein natürliches Ergebnis zu erzielen ist. Deshalb bleibt mit der Mauer das Anliegen, sie durchlässiger zu machen, so wie dies der Fall war, als die DDR im Frühjahr 1984 in einer einmaligen Aktion über 27.000 Personen die Aussiedlung gestattete. Während die Mehrzahl der ausreisewilligen DDR-Bürger während vieler Jahre Ausreiseanträge gestellt hatte und diese häufig unbeantwortet blieben oder ohne Begründung abgelehnt wurden, durften nun einzelne sogar mit ihrem eigenen Pkw ausreisen. Insgesamt konnten seit dem Bau der Mauer 383.181 Personen (Stand 31.12.88) legal die DDR verlassen, jedoch waren es bis 1980 vornehmlich Personen im Rentenalter und Kranke.

In the 1980s: Despite improvements in German-German relations, statistics show that the yearly number of fugitives of around 5,000 hardly changed from 1967 onwards, merely the methods of escape. In subsequent years the majority no longer make their escapes across the barricades, but via third countries (in the main Czechoslovakia, and Hungary, but also Rumania, Bulgaria and Poland). The expensive extensions to the „modern border" prove themselves to be a mistaken investment, and it is seen that a natural result cannot be achieved by artificial means. Although the wall is retained, it becomes a matter of concern to make it more permeable. Thus, for example, in the spring of 1984 in a one-off gesture, the GDR permitted the emigration of over 27,000 people. Whereas in previous years the majority of GDR citizens wishing to leave the country had had their applications turned down with no reason given, or simply ignored, some were now even able to leave in their own cars. Since the building of the wall a total of 383,181 people (as of December 31st 1988) were able to leave the GDR legally. However, until 1980 these were mainly sick people or pensioners.

Années quatre-vingts: Malgré l'amélioration des relations inter-allemandes, il est établi que le nombre des fugitifs est resté pratiquement constant depuis 1967 aux environs de 5.000 par an. Tout au plus les méthodes ont évolué. La plupart fuient pendant cette période en évitant les obstacles à la frontière, par des pays tiers (principalement la Tchécoslovaquie et la Hongrie, mais aussi la Roumanie, la Bulgarie et la Pologne). L'investissement gigantes-que qu'a été la «frontière moderne» est donc un échec et il est patent que les pires méthodes de contrainte n'arrivent pas à forcer la nature. Tant que le Mur subsiste, le grand objectif consiste à le rendre plus perméable, comme ce fut le cas au début de 1984, lorsque la RDA accorda le permis de sortie à plus de 27.000 personnes. Alors que la plupart des ressortissants de la RDA désireux de quitter le pays soumettaient depuis des années leurs demandes qui restaient bien souvent sans réponse ou étaient refusées sans justification, certains peuvent même partir avec leurs voitures. Entre la construction du Mur et le 31 décembre 1988, 383.181 personnes ont quitté légalement la RDA, toutefois il s'agissait avant 1980 principalement de personnes ayant atteint l'âge de la retraite et de malades.

Andere versuchten, über die Ständige Vertretung der Bundesrepublik in Ost-Berlin oder über die Prager Botschaft in den Westen zu gelangen. Im Juni/Juli 1984 hielten sich 55 Personen in der Ständigen Vertretung auf, was zu deren verstärkter Überwachung durch Volkspolizei und Staatssicherheit führte und zur zeitweiligen Schließung.

Anfang Oktober 1984 hatten insgesamt ca. 150 DDR-Bürger in der Deutschen Botschaft in Prag Zuflucht gesucht, um ihre Aussiedlung zu erzwingen. Mehrere Monate mußten sie ausharren, bis es im Rahmen innerdeutscher Gespräche gelungen war, sie auszusiedeln. Die Gegenleistungen der Bundesregierung blieben unbekannt.

In den nichtpolitischen Bereichen - Kultur, Wissenschaft, Sport - verbesserten sich die innerdeutschen Beziehungen.

Others attempt to reach the West via the Federal Republic's permanent representation in East Berlin, or its Prague embassy. In June/July of 1984, the permanent representation became host to 55 refugees for several weeks, which led to its increased surveillance by police and state security, and for a time to its closure.

At the beginning of October 1984, approximately 150 GDR citizens sought refuge in the Federal Embassy in Prague, thereby hoping to force their emigration. They had to wait many months before German-German negotiations resulted in their successful resettlement. The deal entered into by the Federal Republic remains unknown.

In non-political spheres - culture, science, sport - German-German relations improved.

D'autres ont tenté de fuir à l'Ouest par la représentation permanente de la République Fédérale à Berlin-Est et l'ambassade allemande de Prague. En juin-juillet 1984, 55 personnes se sont réfugiées à la représentation permanente, avec pour conséquence une intensification draconienne des contrôles par la police et la Stasi et la fermeture temporaire de la représentation.

Début octobre 1984, environ 150 ressortissants de la RDA se sont réfugiés à l'ambassade allemande à Prague pour forcer leur départ. Ils ont dû y attendre plusieurs mois avant que les entretiens inter-allemands n'aboutissent à l'autorisation de partir. On ignore jusqu'à présent quelle a été la contrepartie de la part du gouvernement fédéral.

Dans les domaines non politiques: la culture, les sciences, les sports, les relations inter-allemandes par contre s'amélioraient.

Botschaft
der Bundesrepublik Deutschland

Die Botschaft der BR Deutschland
bleibt bis auf weiteres für den
Publikumsverkehr geschlossen.

Spol...ecka

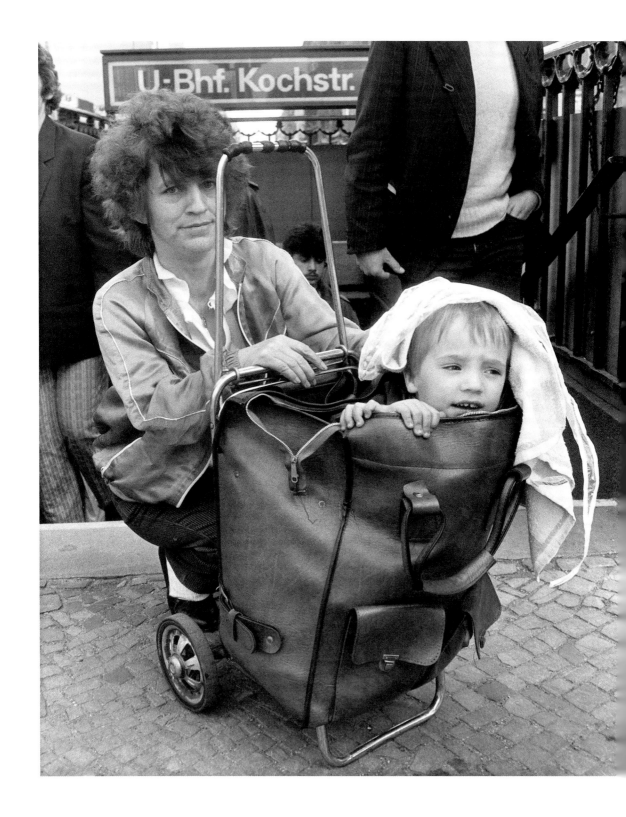

In diesem Einkaufswagen wurde der vierjährige Mike Trauzettel am 4.5.87 am Bahnhof Friedrichstraße aus der DDR in die U-Bahn nach West-Berlin geschmuggelt. Der Mutter war die kurzzeitige Ausreise gestattet worden, dem Kind jedoch nicht. Die Mutter lebte getrennt von ihrem Ehemann, aber dieser hätte einer Aussiedlung des Kindes aus der DDR niemals zugestimmt. Frau Trauzettel wußte jedoch, daß eine Gepäckkontrolle von kurzzeitig Ausreisenden extrem selten stattfindet. Sie versteckte das Kind in der Tasche. Auf seinem Kopf lag ein Handtuch und darüber eine Regenhaube. Alles ging gut.

Four-year-old Mike Trauzettel was smuggled out of the GDR into the West Berlin underground transport system on May 4th 1987 at Friedrichstraße station in this shopping trolley. His mother had been granted immediate emigration, but this was not valid for her son. She was separated from her husband, who would never have agreed to the emigration of his child from the GDR. However, Frau Trauzettel knew that the baggage of those emigrating under short notice was very rarely searched. She hid the child in the trolley, with a towel and a rain hat on top of him. Everything went well.

Mike Trauzettel, garçon alors âgé de quatre ans, a été transporté clandestinement le 4 mai 1987 dans un caddie sur la ligne de métro entre la station Friedrichstrasse et Berlin-Ouest. Sa mère avait obtenu l'autorisation de partir quelques jours mais on lui avait interdit de prendre son fils. La mère vivait séparée de son mari qui n'aurait jamais accepté que son fils quitte la RDA. Madame Trauzettel savait que les voyageurs en déplacement pour quelques jours seulement n'étaient contrôlés que dans des cas extrêmement rares. Elle a donc caché l'enfant dans un sac, la tête recouverte d'une serviette et d'un caban. Elle est passée sans encombre.

Menschenraub. Der kleinere Uniformierte schoß auf zwei West-Berliner Jugendliche, welche den Draht aufgeschnitten hatten. Schwer verletzt brach der eine zusammen, der andere suchte Deckung. „Liegen bleiben!" riefen die Vopos und kamen durch den Draht, zwangen den Nichtverletzten mit vorgehaltener Pistole mitzukommen und schleppten den von vielen Schüssen Getroffenen mit sich (9.12.61). Zwei Grenzsoldaten der Kompanie, Zeugen des Verbrechens, flüchteten aus Abscheu. Hier berichten sie auf einer Pressekonferenz in West-Berlin (23.1.62).

Abduction. The smaller uniformed man has fired on two West Berlin youths who have cut the wire. One of the two has collapsed, badly wounded, the other looks for cover. „Stay down!" shout the East Berlin police and come through the wire. They force the uninjured youth to come with them and drag his heavily wounded friend away (December 9th 1961). Two border guards from the same company, who are witnesses to the crime, defect soon after in disgust. They are speaking here at a press conference in West Berlin (January 23rd 1962).

Kidnapping. Le plus petit des hommes en uniforme a tiré sur deux jeunes de Berlin-Ouest qui avaient coupé les barbelés. L'un s'écroula, grièvement blessé, l'autre chercha à se protéger. Les Vopos lui intimèrent alors l'ordre de rester allongé et se frayèrent un chemin entre les barbelés. Revolver au poing, ils forcèrent le jeune sain et sauf à les suivre et ramassèrent l'autre, blessé par quatre balles (9 décembre 1961). Deux garde-frontières de la même compagnie, témoins et horrifiés par le crime, s'enfuirent à leur tour. Nous les voyons ici lors d'une conférence de presse à Berlin-Ouest (23 janvier 1962).

Ein West-Berliner Zöllner wurde, obwohl noch auf West-Berliner Gebiet, von DDR-Posten überfallen. Sie zwangen ihn mit vorgehaltenen Maschinenpistolen, seinem Diensthund „Platz" zu befehlen, und führten ihn dann auf DDR-Gebiet ab, wo er befragt und nach einigen Stunden wieder freigelassen wurde. Die Fotos zeigen den wartenden Hund neben dem zurückgelassenen Dienstfahrrad seines Herrn sowie die Stelle der Entführung (1962).

Ihn den ersten fünf Nachkriegsjahren wurden ca. 600 Menschen aus West-Berlin entführt, von der Gründung der DDR bis Ende 1967 weitere 273, davon 27 trotz des Baus der Mauer. Insgesamt ermittelten die Behörden nach dem Ende der DDR in 951 Entführungsfällen.

A West Berlin customs officer, although still on West Berlin territory, is attacked by GDR guards. Threatening him with machine guns, they force him to order his dog to lie down and lead him away onto GDR territory, where he is questioned and after a few hours released. The photographs show his dog waiting by its master's bicycle, and the place of abduction (1962).

During the first five post-war years approximately 600 people are abducted from West Berlin; from the founding of the GDR to the end of 1967 a further 273; 27 of these despite the building of the wall. Officials investigated a total of 951 cases of abduction at the end of the GDR.

Bien qu'il se trouvât sur le territoire de Berlin-Ouest, un douanier de Berlin-Ouest fut kidnappé par les garde-frontières de RDA. Pistolet-mitrailleur au poing, ils lui ordonnèrent de mettre son chien au repos et le traînèrent sur le territoire de la RDA où il fut interrogé et ne fut relâché qu'après plusieurs heures. Notre photo: Le chien attend son maître à côté de la bicyclette qu'il a dû abandonner à l'endroit où il a été enlevé (1962).

Durant les cinq premières années de l'après-guerre, environ 600 personnes ont été kidnappées à Berlin-Ouest; entre la fondation de la RDA et la fin de 1967, 273 autres, dont 27 malgré le Mur. Au total, les services d'investigation ont établi après l'effondrement de la RDA 951 cas d'enlèvement.

4.2.
Widerstand gegen
DIE MAUER

4.2.
Resistance against
THE WALL

4.2.
Résistance au
MUR

Am 5.10.61 versuchte der libanesische Kaufmann Edmont Khayat, mit einem 40 Kilo schweren Holzkreuz nach Ost-Berlin zu gehen. Er wurde jedoch von schwerbewaffneten Vopos zurück-gewiesen. Für ihn war die Mauer nicht nur ein deutsches Problem, sondern eine allgemein mensch-liche Aufgabe.

On October 5th 1961 the Lebanese businessman Edmont Khayat attempts to cross into East Berlin carrying a 40-kilo wooden cross. He is sent back by heavily armed East German police. For Khayat the wall was a human challenge, not simply a German problem.

Le 5 octobre 1961, le commer-çant libanais Edmont Khayat a tenté de traîner cette croix lourde de 40 kg à Berlin-Est. Les Vopos armés jusqu'aux dents l'en ont empêché. Pour cet homme, le Mur n'était pas seulement un problème allemand mais une cause de toute l'humanité.

Bereits 1960 hatte der Inder T.N. Zutshi in Ost-Berlin für politische Freiheit demonstriert und war nach fünf Tagen Haft und Verhören wieder entlassen worden. Durch Appelle und Gottesdienste (Foto) an der Mauer hatte er weitere Sympathisanten gewonnen. Sein öffentlich angekündigter Versuch, zusammen mit einem Universitätsprofessor, einem Publizisten, einem Studenten und einer Hausfrau mit Hammer und Meißel Steine aus der Mauer herauszuschlagen, scheiterte jedoch am Verbot der Aktion durch den Berliner Innensenator (1962).

The Indian T.N. Zutshi had already demonstrated for political freedom in East Berlin in 1960, being released after five days imprisonment and interrogation. He had gained further sympathisers through appeals and religious services (photo) at the wall. His publicly announced attempt to break stones out of the wall with a hammer and chisel, together with a university professor, a writer, a student and a housewife, is thwarted by a ban on the action by West Berlin's interior minister (1962).

En 1960 déjà, le ressortissant indien T.N. Zutshi avait manifesté à Berlin-Est pour la liberté politique; il fut relâché après cinq jours de cellule et d'interrogatoires. Par ses appels et les services religieux à proximité immédiate du Mur (notre photo), il s'était attiré la sympathie de nombreux admirateurs. Sa tentative annoncée publiquement de desceller les pierres du Mur en compagnie d'un professeur de l'enseignement supérieur, d'un journaliste, d'un étudiant et d'une femme au foyer avec un marteau et une faucille échoua parce que le Sénateur de l'Intérieur de Berlin interdit cette action (1962).

Eröffnung der ersten Ausstellung über DIE MAUER am 19.10.62 in einer 2½-Zimmerwohnung in der Bernauer Straße: Ausstellungsbegründer Rainer Hildebrandt, eine Journalistin, Fluchthelfer Dieter Berger, der geflüchtete Grenzsoldat Michael Mara und Herr Weyrauch, Mitarbeiter des Gesamtdeutschen Institutes und später als Stasi-Spitzel enttarnt. Am 14.6.63 wurde eine zweite Ausstellung in unmittelbarer Nähe des Grenzübergangs Checkpoint Charlie eröffnet.

Opening of the first exhibition about THE WALL on October 19th 1962 in a 2 1/2 room flat on Bernauer Straße. The exhibition's initiator, Rainer Hildebrandt, with a journalist, escape helper Dieter Berger, fugitive border guard Michael Mara and Herr Weyrauch, employee of the All-German Institute („Gesamtdeutsches Institut") and later revealed as a Stasi spy. A second exhibition is opened on June 14th 1963 within the immediate vicinity of the Checkpoint Charlie border crossing.

Ouverture de la première exposition sur LE MUR le 19 octobre 1962 dans un appartement de deux pièces et demie Bernauer Strasse. Nous voyons ici le fondateur de l'exposition Rainer Hildebrandt, une journaliste, le passeur Dieter Berger, le garde-frontière fugitif Michael Mara et M. Weyrauch, employé de l'Institut pan-allemand, dont on a découvert plus tard qu'il était un indicateur de la Stasi. Le 14 juin 1963, une seconde exposition était inaugurée à proximité immédiate du poste-frontière de Checkpoint Charlie.

Diese dem Museum nahestehende Frau saß bisweilen längere Zeit am Fenster, ohne ein Zeichen zu geben. Es genügte, um jenseits der Mauer Verwirrung zu stiften. Weit über 2.000 Angehörige des Grenzdienstes flüchteten während des Bestehens der Mauer.

Hinweisschild auf die damalige Ausstellung am Eingang des Hauses, wo der „Tunnel 57" begann und Anfang Oktober 1964 an zwei Abenden 57 Personen von Ost nach West flüchteten.

From time to time, this woman, one of the museum's associates, used to sit for long periods at the window without making a sign. This was enough to create confusion on the other side of the wall. More than 2,000 employees of the border service flee during the period of the wall's existence.

Sign pointing out the then exhibition, at the entrance to the building where the „Tunnel 57" began, and where on two evenings in the beginning of October 1964 57 people fled from East to West.

Cette femme soutenant l'action du Musée se contentait de se mettre à la fenêtre, sans bouger. Cela suffisait alors pour provoquer l'agitation de l'autre côté du Mur. Au total, plus de 2.000 soldats des garde-frontières se sont enfuis après la construction du Mur.

Plaque annonçant l'exposition à l'entrée de l'immeuble où commençait le «Tunnel 57», et où début octobre 1964 pendant deux nuits consécutives, 57 personnes ont fui à Berlin-Ouest.

Sprengstoffanschläge in der Jerusalemer Straße und in der Lindenstraße in Kreuzberg (16. und 28.12.62). Die Glaser arbeiteten trotz der winterlichen Temperaturen auf der Straße: 600 zertrümmerte Scheiben. Eine Frau erlitt durch die Explosion einen Herzschock.

Zehn Sprengstoffanschläge ereigneten sich im ersten Jahr. Sie endeten erst, als ein mit Sprengstoff experimentierender Student durch eine Explosion ums Leben kam.

Bomb attacks on Jerusalemer Straße and Lindenstraße in Kreuzberg (December 16th and 28th 1962). Glaziers are working outside on the street, despite winter temperatures. 600 broken panes of glass. One woman suffers a heart attack because of the explosion.

Ten bomb attacks take place during the first year. They only end when a student experimenting with explosives is killed by a blast.

Attentat à la bombe Jerusalemer Strasse et Lindenstrasse dans l'arrondissement de Kreuzberg (16 et 28 décembre 1962). Par un froid très vif, les vitriers ont dû réparer 600 fenêtres dont les vitres avaient volé en éclats. Une femme fut victime d'un accident cardiaque à cause de l'explosion.

La première année, il y eut dix attentats à la bombe. Ils ont cessé après qu'un étudiant qui testait un explosif se soit tué.

**Mit diesem Schild demonst-
rierten junge Italiener auf Ost-
Berliner Gebiet. Dann stellten sie es
auf die Mauer. Großer Applaus aus
West-Berlin. Nach 15 Minuten kam
ein herbeigerufenes Alarmkom-
mando und entfernte das Schild
wieder. Pfui-Rufe aus West-Berlin
(13.8.64).**

Young Italians demonstrate with
this placard ("There is no freedom in
Europe without freedom for Berlin") in
East Berlin, then place it on the wall.
After a quarter of an hour an alarm
commando arrives to remove it.
Shouts of scorn from West Berlin
(August 13th 1964).

De jeunes Italiens brandissent
cette pancarte («Pas de liberté en
Europe sans liberté pour Berlin») à
Berlin-Est, après quoi il la plantent sur
le Mur. La foule amassée à Berlin-
Ouest applaudit. Après 15 minutes, un
commando d'intervention arrive et
éloigne la pancarte sous les lazzis de
la foule à Berlin-Ouest (13 août 1964).

Anläßlich des Ulbricht-Besuches in Kairo protestierte der ägyptische Student Mahmoud Kobtan durch einwöchigen Hungerstreik bei bis zu 28 Grad Kälte.

Mit einem Plakat auf der Brust, welches Freiheit für die politischen Gefangenen in der DDR forderte, wollte Carl-Wolfgang Holzapfel in den Sowjetsektor gehen. Bei dem ersten und zweiten Versuch wurde er zurückgewiesen, bei dem dritten (18.10.65) verhaftet und anschließend zu 8 Jahren Gefängnis verurteilt. Nach 13 Monaten Haftverbüßung konnte er von Bonn freigekauft werden.

On the occasion of Walter Ulbricht's visit to Cairo, the Egyptian student Mahmoud Kobtan holds a week-long hunger strike in temperatures of 28°C.

With a placard on his chest demanding freedom for political prisoners in the GDR Carl-Wolfgang Holzapfel tries to enter the Soviet sector. On his first and second attempts he is turned back. On his third (October 18th 1965) he is arrested and sentenced to 8 years imprisonment. After 13 months in jail the Bonn government is able to buy his release.

A l'occasion de la visite d'Ulbricht au Caire, l'étudiant égyptien Mahmoud Kobtan manifesta sa désapprobation en faisant une grève de la faim de une semaine, par des températures jusqu'à moins 28°.

Arborant sur sa poitrine une pancarte exigeant la libération des prisonniers politiques en RDA, Carl-Wolfgang Holzapfel voulut pénétrer dans le secteur soviétique. Il fut refoulé à sa première et deuxième tentative mais arrêté à la troisième (18 octobre 1965) et condamné à 8 ans de prison. Bonn réussit à acheter sa liberté après 13 mois de détention.

Anläßlich der vierjährigen Wiederkehr des „13. August" demonstrierten West-Berliner gegen die Unmenschlichkeit der Mauer. Auf den Plakaten stehen die Namen erschossener Flüchtlinge.

On the 4th anniversary of the „13th of August" West Berliners demonstrate against the inhumanity of the wall, with placards proclaiming the names of fugitives who have been shot.

Pour le quatrième anniversaire du «13 août» les Berlinois de l'Ouest manifestèrent contre la barbarie du Mur. Sur les pancartes qu'ils arborent sont écrits les noms des fugitifs assassinés.

An jeder Wiederkehr des „13. August" protestierte in der Nacht eine rebellische Jugend. Die West-Berliner Polizei war gezwungen, sie von der Mauer fortzudrängen, um Zwischenfälle zu verhüten (1965).

Every anniversary of the „13th of August" sees protests by rebellious youth. The West Berlin police is forced to keep them back from the wall to prevent incidents (1965).

A chaque anniversaire du Mur, les jeunes en révolte manifestaient dans la nuit. La police de Berlin-Ouest était obligée de les dégager du Mur pour prévenir des incidents (1965).

Wegen des 1968 von der DDR eingeführten Visazwangs (für Westdeutsche, welche die Autobahn nach Berlin benutzten) wollten Studenten der „Neuen Linken" in Ost-Berlin protestieren. Aber - obwohl mit Pässen der Bundesrepublik ausgerüstet und mit einer roten Fahne - wurde ihnen das Betreten der DDR verweigert.

In 1968 a new regulation by the GDR obliges West German travellers using the motorway to Berlin to obtain visas. Students from the „New Left" wish to protest in East Berlin against the new implementation, but - although they are equipped with Federal passports and a red flag - they are refused entry into the GDR.

Suite à l'obligation édictée par la RDA d'être en possession d'un visa (pour les Allemands de l'Ouest voulant prendre l'autoroute en direction de Berlin; 1968), les étudiants de la «nouvelle gauche» voulaient protester à Berlin-Est. L'entrée de la RDA leur fut interdite bien qu'ils aient eu des passeports de la République Fédérale d'Allemagne et aient arboré un drapeau rouge.

Siegfried Müller, Diplominge-nieur (39), und seine Ehefrau Rita (35) konnten nur wenige Minuten mit ihren Kindern (6 und 12) in der Ost-Berliner Rathausstraße demonstrieren. „Wir fordern: DDR soll endlich UNO-Menschenrechte achten. Freiheit!" stand auf dem Plakat der Frau, ähnliches auf dem des Mannes. Am 24.3.75 verurteilte das Bezirksgericht Cottbus den Ehemann zu 4 Jahren und seine Frau zu 2 ½ Jahren Gefängnis; die Kinder wurden in ein Heim überführt. In denselben Monaten wurden sieben ähnliche Demonstrationen für die Charta der UNO bekannt, meist von Eheleuten. Nur anfangs wurden die Demonstranten nicht strafrechtlich verfolgt. Nachdem die DDR jedoch in die UNO aufgenommen war (seit 18.9.73), wurden sie wegen „staatsfeindlicher Hetze" zu Gefängnisstrafen zwischen 2 ½ und 6 Jahren verurteilt.

Engineer Siegfried Müller (39) and his wife Rita (35) are able to demonstrate with their children (6 and 12) for just a few minutes on East Berlin's Rathausstraße. „We demand that the GDR finally recognises UN human rights. Freedom!" proclaims Rita Müller's placard, with similar demands on her husband's. On March 24th 1975 the state court of Cottbus sentences Siegfried Müller to 4 years imprisonment, his wife to 2 1/2 years. Their children are put into a home. Seven similar demonstrations in favour of the UN charta, mainly by married couples, reach the public during these months. Only the first demonstrators escape prosecution. Once the GDR had been accepted into the United Nations (September 18th 1973), they are sentenced to terms of imprisonment from 2 1/2 to 6 years for „agitation hostile to the state".

Siegfried Müller, ingénieur (39 ans) et son épouse Rita (35 ans) n'ont pu manifester que quelques minutes avec leurs enfants (6 et 12 ans), Rathausstrasse à Berlin-Est. Ils portaient l'un et l'autre une pancarte: «Nous exigeons que la RDA respecte enfin les droits de l'homme de l'ONU. Liberté!» Le 24 mars 1975, le tribunal régional de Cottbus condamna le mari à 4 ans de détention et son épouse à deux ans et demi. Les enfants furent remis à un foyer de l'enfance assistée. Pendant la même période, on enregistra sept autres manifestations du même genre pour le respect de la Charte de l'ONU, dans la plupart des cas il s'agissait de couples. Dans un premier temps seulement, il n'y eut pas de poursuites pénales. Toutefois, après l'admission de la RDA à l'ONU (le 18 septembre 1973), ils ont été condamnés pour «menées calomnieuses contre l'Etat» à des peines de détention entre deux ans et demi et six ans.

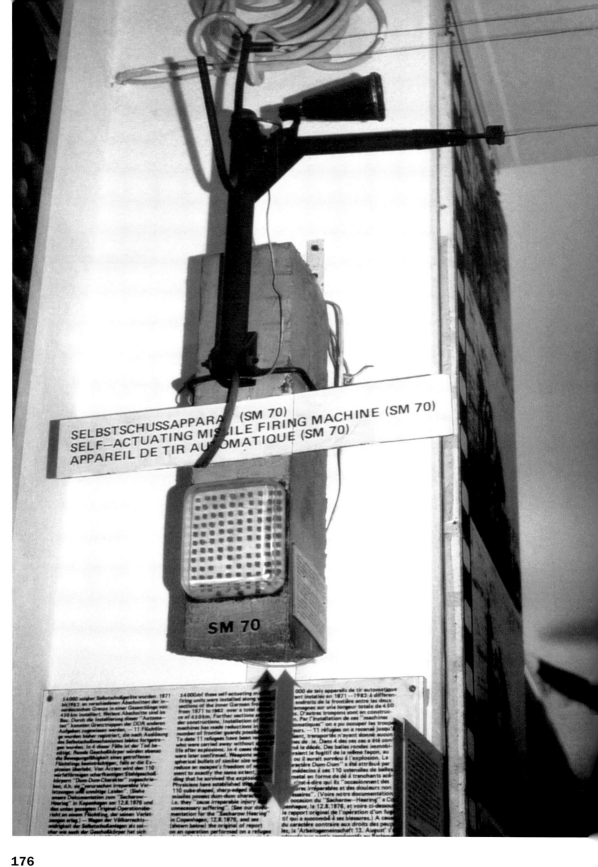

SELBSTSCHUSSAPPARAT (SM 70)
SELF—ACTUATING MISSILE FIRING MACHINE (SM 70)
APPAREIL DE TIR AUTOMATIQUE (SM 70)

SM 70

Nach zehnjähriger DDR-Haft war Michael Gartenschläger 1971 von der Bundesrepublik freigekauft worden. Mit spektakulären Aktionen stellte er die DDR an den Pranger. Durch ihn, der am 30.3.76 an der innerdeutschen Grenze unter Lebensgefahr ein Selbstschußgerät SM 70 abgebaut hatte, erfuhr die Weltöffentlichkeit zum ersten Mal, wie die DDR ihre Grenze „sicherte". Drei Wochen später glückte ihm der Abbau eines zweiten Gerätes. Bei dem Versuch, einen dritten Tötungs-automaten abzubauen, wurde er von einem Spezialkommando des DDR-Staatssicherheitsdienstes erwartet und regelrecht exekutiert (30.4.76). Eines dieser Selbstschußgeräte ist im Haus am Checkpoint Charlie zu besichtigen.

After ten years of imprisonment in the GDR, the Federal Government is able to buy Michael Gartenschläger's release in 1971. Spectacular interven-tions by Gartenschläger pillory the GDR. It is through him that the general public learns for the first time how the GDR „secures" its border, when he endangers his life to dismantle an SM 70 spring-gun on March 30th 1976. Three weeks later a second gun is successfully dismantled. The third time he tries to put one of these automatic guns out of action, he is awaited by a special commando of the GDR state security service and summarily executed (April 30th 1976). One of these weapons can be seen in the „Haus am Checkpoint Charlie".

Après dix années de détention, Michael Gartenschläger fut libéré en 1971 sur intervention de la Républi-que Fédérale. Il organisa alors diverses actions spectaculaires pour dénoncer la RDA. C'est par lui que l'opinion mondiale apprit comment la RDA «protégeait» sa frontière: au péril de sa vie, il avait démonté le 30 mars 1976 un dispositif de tir automatique SM 70 à la frontière inter-allemande. Trois semaines plus tard, il réussit à démonter un deuxième appareil, mais à sa troisième tentative de démontage de ces engins de mort, il était attendu par un commando de la Stasi de RDA et fut exécuté dans les règles (30 avril 1976). L'un de ces dispositifs de tir automatique est exposé à la Maison de Checkpoint Charlie.

Der US-Bürger John Runnings (68) wanderte am 7.8.86 nahezu 500 Meter auf der MAUER entlang. Während der 70 Minuten schlug er auch ein Stück der Rohrauflage heraus; Zuschauer gaben es im Museum Haus am Checkpoint Charlie ab. Runnings: „Ich bin Tischler und habe so meine Familie ernährt, aber ich bin auch Philosoph. Ich zeige Euch Berlinern, wie Ihr auf DIE MAUER politisch Einfluß nehmen könnt. Solange auf militärische Bedrohung nur militärisch geantwortet wird, nutzt das nichts." Das Publikum reagierte sehr unterschiedlich. Als John Runnings schließlich eine Leiter der DDR-Grenzposten nutzte, um zu ihnen herabzusteigen, wurde er festgenommen, verhört und nach 20 Stunden abgeschoben.

On August 7th 1986 American citizen John Runnings (68) walks along the WALL for nearly 500 metres. During his 70 minutes on the wall he knocks off a piece of the tubular top-cladding. Spectators hand it over to the museum „Haus am Checkpoint Charlie". Runnings: „I am a carpenter. That's how I've fed my family. But I'm also a philosopher. I'm showing you Berliners how you can politically influence THE WALL. It's no use when military threats are just answered militarily." Public reactions are mixed. When Runnings finally goes down to GDR border guards using a ladder they hold up to him, he is arrested, interrogated and after 20 hours, deported.

Le 7 août 1986, le ressortissant américain John Runnings (68 ans) effectua un périple de près de 500 mètres le long du MUR. Pendant ces 70 minutes, il démonta aussi des éléments du parapet fait d'un tube. Les spectateurs de la scène en ont fait don au Musée Maison de Checkpoint Charlie. Commentaire de Runnings: «Je suis menuisier et j'ai nourri ma famille du travail de mes mains mais je suis aussi philosophe. Je vous montre, à vous Berlinois, comment vous pouvez agir politiquement contre LE MUR. Tant que l'on répond exclusivement par des moyens militaires à la menace militaire, il n'est pas possible d'avancer.» La réaction de la foule fut très partagée. Finalement, après qu'il eut emprunté une échelle pour se rendre auprès des garde-frontières de la RDA, John Runnings fut arrêté, interrogé et relâché après 20 heures.

5. Der Fall der MAUER

The fall of THE WALL

La chute du MUR

12.6.87: US-Präsident Ronald Reagan in seiner Rede vor dem Brandenburger Tor an den sowjetischen Staats- und Parteichef: „Generalsekretär Gorbatschow, wenn Sie Frieden suchen, öffnen Sie dieses Tor! Herr Gorbatschow, reißen Sie diese Mauer nieder!"

June 12th 1987. American president Ronald Reagan, speaking in front of the Brandenburg Gate, addresses the Soviet state and party leader, „General Secretary Gorbachev, if you seek peace, open this gate! Mr Gorbachev, tear down this wall!"

12 juin 1987: Le président américain Ronald Reagan s'adresse au chef du parti et de l'Etat soviétiques dans son allocution Porte de Brandebourg: «Monsieur le secrétaire général Gorbatchev, si vous voulez la paix, ouvrez cette porte! Monsieur Gorbatchev, démolissez le Mur!»

Die deutsch-ungarische Freundschaft - zu welcher Bundesminister Genscher wesentlichen Beitrag leistete - ermöglichte, daß Ungarn die DDR-Flüchtlinge nicht mehr verhaftete und auslieferte und sogar allen die Grenze öffnete (27.6.89). Viele wollten der Dauer des Glückes noch nicht glauben und rannten los, andere holten sich Pässe bei der Deutschen Botschaft. Bereits an diesem Tag hatten Ungarns Außenminister Gyula Horn und Österreichs Außenminister Alois Mock den elektrischen Alarmdraht durchschnitten: Beginn des Abbaus der Grenzhindernisse für das „europäische Haus".

German-Hungarian friendship - achieved in no small part through the efforts of Federal Minister Genscher - means that Hungary no longer arrests and extradites refugees from the GDR, but rather opens its borders to all (June 27th 1989). Many people don't believe their luck will last, and set off straight away. Others collect passports from the Federal Embassy. Foreign Minister Gyula Horn of Hungary and Foreign Minister Alois Mock of Austria today cut through the electric fence, the start of dismantling borders towards a „European House".

Grâce aux liens d'amitié qui s'étaient noués entre l'Allemagne et la Hongrie, principalement à l'instigation du ministre des Affaires étrangères Genscher, la Hongrie décida de ne plus arrêter et livrer les fugitifs de RDA et alla même jusqu'à ouvrir ses frontières (27 juin 1989). Beaucoup doutaient que cela puisse durer et se ruèrent dans la brèche; d'autres se procurèrent un passeport auprès de l'ambassade d'Allemagne. Mais le même jour, les ministres de Affaires étrangères hongrois et autrichien, Gyula Horn et Alois Mock, avaient déjà sectionné le câble électrique d'alarme. Pour eux il s'agissait de commencer à supprimer les obstacles aux frontières dans la perspective de l'édification de la «Maison Européenne».

Während Ungarn seine Grenzen öffnete und Gorbatschow in der Sowjetunion unter den Stichworten „Glasnost" und „Perestrojka" immerhin mit weitreichenden Reformen begonnen hat, verharrt die DDR in völliger Bewegungslosigkeit. Honecker erklärt am 19. Januar 1989, die Mauer „wird in 50 und 100 Jahren noch bestehen bleiben, wenn die dazu vorhandenen Gründe noch nicht beseitigt sind." Die Warnung Gorbatschows anläßlich der Feierlichkeiten zum 40. Jahrestag der DDR-Gründung (7.10.89): „Das Leben stellt neue Aufgaben, und es gilt, die Bedürfnisse und Stimmungen der Bevölkerung rechtzeitig zu erfassen. Wer zu spät kommt, den bestraft das Leben" verhallt ungehört.

While Hungary opens its borders and Gorbachev has begun far-reaching reforms in the Soviet Union, the GDR persists in complete immovability. Honecker declares on January 19th 1989 that the wall „will remain standing in 50 and 100 years, as long as the reasons for its existence have not been removed." Gorbachev's warning, given at the celebrations of the 40th anniversary of the founding of the GDR (October 7th 1989) - „Life sets new tasks, and it is necessary to register the needs and mood of the population in good time. Dangers only await those who do not respond to what life brings" - goes unheard.

Tandis que la Hongrie ouvrait ses frontières et que Gorbatchev s'était lancé en Union Soviétique dans des réformes d'envergure avec sa politique de «glaznost» et «perestroïka», la RDA persistait dans son immobilisme. Honecker déclarait le 19 janvier 1989 que le Mur «resterait encore 50 ans, voire 100 ans, si les causes qui le justifiaient n'était pas éliminées.» La mise en garde de Gorbatchev lors des cérémonies pour le 40e anniversaire de la fondation de la RDA (7 octobre 1989): «La vie nous confronte à des tâches nouvelles et il importe de saisir à temps les besoins et les courants d'opinion de la population. La vie se venge de ceux qui arrivent trop tard.»

Bis Anfang Oktober 1989 haben bereits mehrere zehntausend DDR-Bürger ihr Land über Ungarn und auch über die bundesdeutschen Botschaften in Prag und Warschau verlassen. In der DDR führen die immer größer werdenden Protestdemonstrationen in Leipzig und anderswo zum Rücktritt von Staats- und Parteichef Erich Honecker (18.10.89). Am 7.11. tritt die Regierung zurück, am 8.11. das Politbüro. Am 9. November 1989 schließlich gibt Politbüromitglied Günter Schabowski auf einer Pressekonferenz gegen 19.00 Uhr fast beiläufig bekannt, daß ab sofort die Ausreise über alle Grenzübergänge möglich sei. Nach über 28 Jahren: Die Mauer ist gefallen! „Das ist ja Wahnsinn!" wird zum meistgehörten Satz dieser Nacht, in der die Berliner auf der Mauer tanzen.

Karl Marx: „Ich nenne Revolution die Verwandlung aller Herzen und die Erhebung aller Hände im Namen der Ehre des Menschen."

Up until October 1989 tens of thousands of GDR citizens have left their country via Hungary or the Federal embassies in Prague and Warsaw. In the GDR ever larger protest demonstrations in Leipzig and elsewhere lead to the resignation of state and party leader Erich Honecker (October 18th 1989). On November the 7th the government resigns, on the 8th the Politburo. On the 9th of November, during a press conference at around 7 pm, Politburo member Günter Schabowski announces almost in passing that travel out of the country is now possible at all border crossings. After over 28 years, the wall is down! „It's amazing!" are the words most often heard in the night the Berliners danced on the wall.

Karl Marx: „I call revolution the transformation of all hearts and the raising up of all hands to the honour of humanity."

Début octobre 1989, plusieurs dizaines de milliers de ressortissants de la RDA avaient déjà quitté leur pays par la Hongrie mais aussi via les ambassades de RFA à Prague et Varsovie. En RDA, les manifestations de protestation de plus en plus imposantes à Leipzig et ailleurs provoquèrent la démission du chef du parti et de l'Etat Erich Honecker (18 octobre 1989). Le 7 novembre, le gouvernement démissionnait, suivi le 8 novembre du bureau politique du SED. Le 9 novembre enfin, le membre du bureau politique Günter Schabowski annonce presque en marge lors d'une conférence de presse, vers 19 h 00, qu'il était désormais possible de quitter le pays par tous les poste-frontières. Le Mur s'écroulait après plus de 28 ans. Comme sous le choc, les Berlinois qui dansaient sur le Mur en cette nuit ne pouvaient que répéter: «C'est fou, c'est fou ...».

Karl Marx: «La révolution, c'est pour moi lorsque tous les cœurs changent et que toutes les mains se brandissent au nom de la dignité de l'homme.»

DEM DEUTSCHEN VOLKE

Nach langwierigen Verhandlungen zwischen der DDR und der Bundesrepublik ist es dann in der Nacht vom 2. zum 3.10.90 soweit: Um Mitternacht wird die bundesdeutsche Fahne vor dem Reichstag gehißt, Hunderttausende feiern um das Brandenburger Tor und „Unter den Linden" - Berlin und Deutschland sind wieder vereint.

After lengthy negotiations between the GDR and the Federal Republic, the final goal is achieved in the night of the 2nd to the 3rd of October 1990, and at midnight the flag of the Federal Republic of Germany is raised over the Reichstag Building. A hundred thousand people celebrate around the Brandenburg gate and on Unter den Linden. Berlin and Germany are once again united.

Après de longues négociations entre les gouvernements de la RDA et de la République Fédérale, un chapitre est parachevé: Dans la nuit du 2 au 3 octobre 1990, à minuit le drapeau de la République Fédérale est hissé sur le Reichstag, des centaines de milliers fêtent Porte de Brandebourg et Unter den Linden - Berlin et l'Allemagne sont réunifiés.

Biographie des Gründers des Mauermuseum - Museum Haus am Checkpoint Charlie Dr. Rainer Hildebrandt

1914	Am 14. Dezember wurde Rainer Hildebrandt in Stuttgart geboren. Vater: Hans Hildebrandt, Kunsthistoriker TU Stuttgart (erste Monographien über Alexander Archipenko und Oskar Schlemmer; während NS-Zeit Verlust des Lehrstuhls, da die Mutter jüdischer Abstammung ist). Mutter: Lily Hildebrandt, Malerin (Meisterschülerin bei Adolf Hölzel; Malverbot während der NS-Zeit wegen nichtarischer Abstammung). Kindheit und Jugend in Stuttgart.
1934	Abitur. April bis August 1934: Arbeitsdienst.
1934-1935	Hochschulpraktikantenausbildung in den „Fortuna-Werken", Bad Cannstatt.
1935-1936	Frühjahr bis Herbst: Arbeiten, teilweise bereits selbständig, im Laboratorium für angewandte Physik der Robert Bosch AG., Stuttgart.
1936	Erstes Semester (Sommersemester) an der Technischen Hochschule Stuttgart, Studium der Physik. Übersiedlung nach Berlin.
1936-1938	August bis Februar: Werkstudent bei Telefunken.
1938	Seit März Angestellter als Ingenieur bei Telefunken. Selbständiges Arbeiten, Anmeldung von Patenten für Telefunken sowie Anmeldung mehrerer Patente außerhalb seines Arbeitsgebiets. Abgang auf eigenen Wunsch September 1938.
1939-1940	Anstellung in der Erfinderabteilung der Radio-Löwe AG Berlin. Veröffentlichungen seit 1938: Zahlreiche Beiträge über Elektroakustik in den Fachzeitschriften „Funktechnische Monatshefte", „Funk", „Funkschau".
1937-1939	Studium der Physik an der Technischen Hochschule Charlottenburg, dann an der Universität Berlin.
seit 1939	Ausdehnung des Universitätsstudiums auf Philosophie, Psychologie, Staatslehre, Volkswirtschaft. Bekanntschaft mit Albrecht Haushofer.
1942	Promotion an der Friedrich-Wilhelm-Universität Berlin über Arbeitspsychologie bei Prof. Rupp und Eduard Spranger, Nebenfächer Philosophie und Physik; Schüler und Freund von Albrecht Haushofer, für ihn auch Briefträger; Freundschaft zu Horst Heilmann, dem Adlatus von Harro Schulze-Boysen; Begegnung von Haushofer und Schulze-Boysen in Wohnung von Rainer Hildebrandt. Vorarbeit für eine neue größere Veröffentlichung auf dem Gebiet der Staatslehre. Sommer: Einberufung zur Wehrmacht, Ausbildung in Schneidemühl. Ab Spätsommer 1942 bei einer Nachrichten-Dolmetscher-Abteilung in Meißen.
1943	Januar: Rückversetzung nach Schneidemühl, im Februar im Anschluß an eine Denunziation Flucht von der Truppe, verhaftet.
1944	Zum zweiten Mal verhaftet, erneut wegen „Zersetzung der Wehrkraft" (insg. 17 Monate).
seit Kriegsende	Publizistische Tätigkeit, zunächst über Walther Rathenau; 1946 Herausgabe der Moabiter Sonette von Albrecht Haushofer, 1948 erste Buchveröffentlichung „Wir sind die Letzten. Aus dem Leben des Widerstandskämpfers Albrecht Haushofer und seiner Freunde".
1948	Gründung der „Kampfgruppe gegen Unmenschlichkeit" (KgU), einer Organisation, die einen Suchdienst nach vermißten Gefangenen auf-

	baute, über NKWD- und DDR-Haft informierte, aber auch Widerstand gegen das Regime in der Sowjetischen Besatzungszone/DDR leistete.
1951	Fünfmonatige Reise mit 40 Vorträgen in den USA, insbesondere über Haftwesen und Justiz und Widerstand in der DDR.
1952	Austritt aus KgU, nachdem diese unter Ernst Tillichs Leitung Sabotage-akte unternahm. Gründung des „Freiheitsbund für Deutsch-Russische Freundschaft", Ehrenvorsitzender Ernst Reuter, Mitvorsitzender Alexander Truschnowitsch, der gewaltsam entführt und ermordet wurde.
bis 1961	Vornehmlich publizistische Tätigkeit, Buchveröffentlichungen „Als die Fesseln fielen" (Aufstand vom „17. Juni"), auch in den USA erschienen („The Explosion") und auf Italienisch. Zahlreiche Artikel, u.a. in „Les temps modernes", sowie laufend (1948 bis 1995) über menschenrechtliche Themen und speziell DDR im „Tagesspiegel". Chefredakteur der Zeitschrift der Deutschen Liga für Menschenrechte. Forschungsaufträge für das Bundesministerium für Gesamtdeutsche Fragen.
1961	Dezember: erste Pressekonferenz mit Flüchtlingen aus der DDR.
19. Oktober 1962	Eröffnung der Ausstellung „Es geschah an der Mauer" in der Bernauer Straße, aufgebaut mit Unterstützung ehemaliger DDR-Häftlinge, Flüchtlingen und Studenten.
1963	Juni: Anmeldung des eingetragenen Vereins „Arbeitsgemeinschaft 13. August"; seitdem Geschäftsführender Vorsitzender dieses Vereins.
14. Juni 1963	Eröffnung des „Mauermuseum – Museum Haus am Checkpoint Charlie"; seitdem dessen Direktor.
1971	Integrierung der Ausstellung in der Bernauer Straße in das Haus am Checkpoint Charlie.
1973	Eröffnung des Ausstellungsteils „Maler interpretieren DIE MAUER".
1976	Eröffnung des Ausstellungsteils „BERLIN – Von der Frontstadt zur Brücke Europas".
1984	Eröffnung des Ausstellungsteils „VON GANDHI BIS WALESA – Gewaltfreier Kampf für Menschenrechte".
1987	Einweihung des Erweiterungsbaus Friedrichstraße 43 (Erdgeschoß und erster Stock)
1989	98 Aufführungen des selbstverfaßten Theaterstückes „R wie Rosa" (Fluchthilfe mittels einer US-Uniform).
1990-1995	Konzeption und Organisation der Wanderausstellung „Ende der Berliner Mauer – Anfang des neuen Europa" durch Osteuropa und Israel.
1991-1994	Konzeption und Organisation der Wanderausstellung „BREAKTHROUGH – The Fight for Freedom at the Berlin Wall" durch die USA, gemeinsam mit dem Deutschen Historischen Museum.
1991	Initiierung und Beginn der Täter-Opfer-Gespräche zwischen ehemaligen Häftlingen und Angehörigen der Stasi.
1999	Einweihung des Erweiterungsbaus Friedrichstraße 45 (zweiter Stock).
2000	August: Einweihung des originalgetreuen Nachbaus der ersten alliierten Kontrollbaracke in der Friedrichstraße.

Auszeichnungen von Dr. Rainer Hildebrandt

- 1992 Verdienstorden des Landes Berlin
- 1994 Bundesverdienstkreuz
- 1998 Imre-Nagy-Plakette

Veröffentlichungen von Rainer Hildebrandt (Auswahl)

Broschüren:
- KgU: Berichte aus Mitteldeutschland
- Was lehrte der 17. Juni? Eine Denkschrift
- Die Mauer
- Vom "13. August" zur "Modernen Grenze"
- 15 Jahre Mauer
- Wie sie die Mauer sehen
- Die gravierendsten Menschenrechtsverletzungen in der DDR
- Die gravierendsten Verletzungen von Arbeitsrechten in der DDR
- Ich war Grenzaufklärer
- Das Selbstschußgerät SM 70
- Probleme zur Realisierbarkeit eines schrittweisen Abbaus des Schießbefehls
- Claus Schenk Graf von Stauffenberg 1907 - 1944. Aus Anlaß des 80. Geburtstages
- Sacharow und die Menschenrechte, Plakatausstellung
- Nimm mich, Zeus
- Libida und Libido
- R wie Rosa (Bühnenstück, 98 Aufführungen im Haus am Checkpoint Charlie)
- 130 Jahre Zuchthaus

Bücher:
- Wir sind die Letzten
- 2 x 2 = 8
- Kontrollpunkt Kohlhasenbrück
- Berlin Friedrichstraße, 20.53 Uhr
- Es geschah an der Mauer
- Die Mauer spricht
- Die Mauer - Faszination der Fotokunst
- Als die Fesseln fielen
- Der 17. Juni
- Von Gandhi bis Walesa - Gewaltfreier Kampf für Menschenrechte
- Berlin - Von der Frontstadt zur Brücke Europas
- Berlin - Ich liebe Dich
- Wo Weltgeschichte sich manifestiert
- Geteilte Interpretationen – Maler sehen die Mauer
- Maler interpretieren die Mauer
- Kurt Mühlenhaupt – Maler der Menschenliebe
- Lusici: Weg-Zeichen
- Grigorjew: Erotische Zeichnungen
- Die Freiheit hat schon begonnen

Biography of the founder of the Wall Museum - Museum Haus am Checkpoint Charlie
Dr. Rainer Hildebrandt

1914	Born in Stuttgart on December 14. Father: Hans Hildebrandt, art historian TU Stuttgart (first monographies about Alexander Archipenko and Oskar Schlemmer; lost his university chair during the NS-regime as his mother is of Jewish decent). Mother: Lily Hildebrandt, painter (master student of Adolf Hölzel; was prohibited to paint during the NS-regime due to her non-Arian descent). Childhood and youth in Stuttgart.
1934	Abitur. April to August: Reich labor service.
1934-1935	University student apprentice at "Fortuna-Werke", Bad Cannstatt.
1935-1936	Autumn to spring: Work – partially already independently – in the laboratory for applied physics at Robert Bosch AG., Stuttgart.
1936	First semester (summer semester) at Technische Hochschule Stuttgart, physics. Relocation to Berlin.
1936-1938	August to February: Student worker at Telefunken.
1938	Since March employment as engineer at Telefunken. Independent work, registration of patents for Telefunken as well as registration of several patents outside his work field. Left at his own request in September 1938.
1939-1940	Employment in the invention department at Radio-Löwe AG Berlin. Publications since 1938: numerous contributions about electroacoustic in the industry journals "Funktechnische Monatshefte", "Funk" and "Funkschau".
1937-1939	Study of physics at Technische Hochschule Charlottenburg then at the Berlin University.
since 1939	Expansion of the university studies to philosophy, psychology, political science and national economy. First encounter with Albrecht Haushofer.
1942	Promotion at Friedrich-Wilhelm-University Berlin about work psychology taught by Prof. Rupp and Eduard Spranger, minor in philosophy and physics; student and friend of Albrecht Haushofer, and also his "mailman"; friendship with Horst Heilmann, the loyal assistant of Harro Schulze-Boysen; encounter between Haushofer and Schulze-Boysen in Rainer Hildebrandt's apartment. Preparatory work for a new larger publication in the field of political science. In summer: Conscription to the Wehrmacht, training in Schneidemühl. As of the late summer of 1942, work at a news-interpreting department in Meißen.
1943	In January transfer back to Schneidemühl, escape from the troop after a denunciation and subsequent arrest.
1944	Second arrest, again because of "Subversion of the armed forces" (altogether 17 months).
since the end of the war	Journalistic activities, initially about Walther Rathenau; publication of "Moabiter Sonette" by Albrecht Haushofer in 1946, first book publication "We are the Last Ones. About the life of the resistance fighter Albrecht Haushofer and his friends" in 1948.
1948	Founding of the "Task force against inhumanity" (KgU), an organization

	that established a tracing service for missing prisoners, informed about NKWD and GDR imprisonment but also engaged in resistance against the regime in the Soviet Occupied Zone/GDR.
1951	Five-month journey with 40 lectures in the USA, especially about the prison system, judiciary and resistance in the GDR.
1952	Resignation from the KgU after the group carried out acts of sabotage under the leadership of Ernst Tillich. Founding of "Freiheitsbund für Deutsch-Russische Freundschaft" (Freedom Alliance for German-Russian Friendship), honorary chairman Ernst Reuter, co-chairman Alexander Truschnowitsch, who was forcefully abducted and murdered.
until 1961	Mainly journalistic activities, book publications: "Als die Fesseln fielen" (the revolt on June 17), also published in the USA ("The Explosion") and in Italian. Numerous articles, among others in "Les temps modernes", as well as regular publications about human rights topics (1948 until 1995) and especially the GDR in "Tagesspiegel" newspaper. Editor-in-chief of the magazine by "Deutsche Liga für Menschenrechte" [German Human Rights League]. Research assignments for the Federal Ministry of All-German Questions.
1961	In December: First press conference with refugees from the GDR.
October 19, 1962	Inauguration of the exhibition "It happened at the Wall" in Bernauer Straße, prepared together with former GDR prisoners, refugees and students.
1963	In June: Registration of the Registered Association "Arbeitsgemeinschaft 13. August" (Work Group August 13); since then executive chairman of the association.
June 14, 1963	Inauguration of "Haus am Checkpoint Charlie"; since then its director.
1971	Integration of the exhibition in Bernauer Straße into "Haus am Checkpoint Charlie".
1973	Inauguration of the exhibition "Maler interpretieren DIE MAUER" (Painters interpret the Wall).
1976	Inauguration of the exhibition "BERLIN – Von der Frontstadt zur Brücke Europas" (BERLIN – from the Frontline City to the Bridge to Europe).
1984	Inauguration of the exhibition "VON GANDHI BIS WALESA – Gewaltfreier Kampf für Menschenrechte" (FROM GANDHI TO WALESA – The Non-Violent Fight for Human Rights).
1987	Inauguration of the building extension Friedrichstraße 43 (ground floor and 1st floor).
1989	98 performances of the theater play "R wie Rosa" (escape with a US uniform).
1990-1995	Conception and organization of the touring exhibition "Ende der Berliner Mauer – Anfang des neuen Europa" (The End of the Berlin Wall - The Beginning of the New Europe) through Easter Europe and Israel.
1991-1994	Conception and organization of the touring exhibition "BREAKTHROUGH – The Fight for Freedom at the Berlin Wall" through the USA together with the German Historical Museum.
1991	Initiation and beginning of the talks between perpetrators and victims between former prisoners and members of the Stasi.
1999	Inauguration of the building extension Friedrichstraße 45 (second floor).
2000	In August: Inauguration of the true-to-original replica of the first allied control barracks in Friedrichstraße.

Distinctions for Dr. Rainer Hildebrandt

- 1992 Order of Merit of the State of Berlin
- 1994 Order of Merit of the Federal Republic
- 1998 Imre-Nagy Badge

Publications of Rainer Hildebrandt (Selection)

Brochures:
- KgU: Berichte aus Mitteldeutschland
- Was lehrte der 17. Juni? Eine Denkschrift
- Die Mauer
- Vom "13. August" zur "Modernen Grenze"
- 15 Jahre Mauer
- Wie sie die Mauer sehen
- Die gravierendsten Menschenrechtsverletzungen in der DDR
- Die gravierendsten Verletzungen von Arbeitsrechten in der DDR
- Ich war Grenzaufklärer
- Das Selbstschußgerät SM 70
- Probleme zur Realisierbarkeit eines schrittweisen Abbaus des Schießbefehls
- Claus Schenk Graf von Stauffenberg 1907 - 1944. Aus Anlaß des 80. Geburtstages
- Sacharow und die Menschenrechte, Plakatausstellung
- Nimm mich, Zeus
- Libida und Libido
- R wie Rosa (Bühnenstück, 98 Aufführungen im Haus am Checkpoint Charlie)
- 130 Jahre Zuchthaus

Books:
- Wir sind die Letzten
- 2 x 2 = 8
- Kontrollpunkt Kohlhasenbrück
- Berlin Friedrichstraße, 20.53 Uhr
- Es geschah an der Mauer
- Die Mauer spricht
- Die Mauer - Faszination der Fotokunst
- Als die Fesseln fielen
- Der 17. Juni
- Von Gandhi bis Walesa - Gewaltfreier Kampf für Menschenrechte
- Berlin - Von der Frontstadt zur Brücke Europas
- Berlin - Ich liebe Dich
- Wo Weltgeschichte sich manifestiert
- Geteilte Interpretationen – Maler sehen die Mauer
- Maler interpretieren die Mauer
- Kurt Mühlenhaupt – Maler der Menschenliebe
- Lusici: Weg-Zeichen
- Grigorjew: Erotische Zeichnungen
- Die Freiheit hat schon begonnen

Biographie du fondateur du Musée du Mur - Museum Haus am Checkpoint Charlie
Dr. Rainer Hildebrandt

1914	Le 14 décembre Rainer Hildebrandt est né à Stuttgart. Père: Hans Hildebrandt, historien d'art à l'université technique de Stuttgart (premières monographies sur Alexander Archipenko et Oskar Schlemmer; durant la période nazie perte de la chaire parce que la mère est d'origine juive). Mère: Lily Hildebrandt, peintre (élève d'Adolf Hölzel; interdiction de peindre durant la période nazie en raison de son origine non aryenne).
1934	Baccalauréat. Avril à août 1934: service du travail obligatoire.
1934-1935	Formation de stagiaire universitaire aux «Fortuna-Werke», Bad Canstatt.
1935-1936	Printemps à automne: travail, en partie déjà indépendant, au laboratoire de physique appliquée de la société Robert Bosch AG, Stuttgart.
1936	Premier semestre (semestre d'été) à l'Université Technique de Stuttgart, études de physique. Etablissement à Berlin.
1936-1938	Août à février: étudiant travaillant chez Telefunken.
1938	A partir de mars employé comme ingénieur chez Telefunken. Travail indépendant, demande de brevets pour Telefunken de même que demande de plusieurs brevets en-dehors de son champ d'activité. En septembre 1938 sortie à sa propre demande.
1939-1940	Emploi dans le département études et recherches de la société Radio-Löwe AG, Berlin. Depuis 1938 publications: de nombreux articles au sujet de l'acoustique électrique dans les revues professionnelles «Funktechnische Monatshefte», «Funk», «Funkschau».
1937-1939	Etudes de physique à l'université technique de Charlottenburg, puis à l'université de Berlin.
Depuis 1939	Extension des études universitaires aux disciplines de philosophie, psychologie, science politique, économie nationale. Connaissance avec Albrecht Haushofer.
1942	Promotion à l'université Friedrich-Wilhelm de Berlin chez le professeur Rupp et Eduard Spranger dans la spécialité psychologie du travail, disciplines secondaires philosophie et physique; élève et ami d'Albrecht Haushofer, pour lui également facteur; amitié avec Horst Heilmann, assistant de Harro Schulze-Boysen; rencontre de Haushofer et de Schulze-Boysen dans l'appartement de Rainer Hildebrandt. Travail préparatoire pour une nouvelle publication importante dans le secteur de la science politique. Eté: appel sous les drapeaux, formation à Schneidemühl. A partir de la fin d'été de 1942 chez un service d'informations et d'interprétation à Meißen.
1943	Janvier: remutation à Schneidemühl, en février désertion à la suite d'une dénonciation, arrêté.
1944	Arrêté pour la deuxième fois, de nouveau en raison de «démoralisation de la force militaire» (au total 17 mois).
Depuis la fin de guerre	Activité de journaliste, d'abord au sujet de Walther Rathenau: 1946 édition des sonnets de Moabit d'Albrecht Haushofer, 1948 première publication de livre « Nous sommes les derniers. De la vie du résistant Albrecht Haushofer et de ses amis».
1948	Fondation du «groupement tactique contre l'inhumanité» (KgU), une

	organisation qui créait un service de recherches de détenus disparus, qui fournissait des informations concernant la détention par le NKWD et la RDA, mais qui s'opposait également au régime de la zone d'occupation soviétique/de la RDA.
1951	Séjour de cinq mois aux Etats-Unis avec 40 conférences, tout particulièrement au sujet de la détention, de la justice et de la résistance dans la RDA.
1952	Sortie du KgU après que celui-ci faisait des actes de sabotage sous la direction de Ernst Tillich. Fondation de l'»union de liberté pour l'amitié germano-russe», président d'honneur Ernst Reuter, co-président Alexander Truschnowitsch qui fut enlevé et assassiné.
Jusqu'à 1961	Surtout activité de journaliste, publication de livres «Lorsque les liens tombaient» (soulèvement du «17 juin»), paru également aux Etats-Unis («The Explosion») et en italien. De nombreux articles, entre autres dans «Les temps modernes» ainsi que continuellement (de 1948 à 1995) dans le «Tagesspiegel» sur des sujets se rapportant aux droits de l'homme et tout particulièrement à la RDA. Rédacteur en chef de la revue de la Ligue Allemande pour les droits de l'homme. Missions de recherches pour le ministère fédéral pour les problèmes concernant toute l'Allemagne.
1961	Décembre: première conférence de presse avec des réfugiés de la RDA.
19 octobre 1962	Inauguration de l'exposition «Il se passait au Mur» dans la Bernauer Straße réalisée avec l'assistance d'anciens détenus de la RDA, de réfugiés et d'étudiants.
1963	Juin: inscription de l'association déclarée «Groupe d'études du 13 août», depuis président directeur de cette association.
14 juin 1963	Inauguration du «Musée du Mur – Musée Haus am Checkpoint Charlie»; depuis ce temps son directeur.
1971	Intégration de l'exposition de la Bernauer Straße dans le Haus am Checkpoint Charlie.
1973	Inauguration de l'exposition «Des peintres interprètent LE MUR».
1976	Inauguration de l'exposition «BERLIN - De la ville du front vers le pont de l'Europe».
1984	Inauguration de l'exposition «DE GANDHI A WALESA – Lutte non violente pour les droits de l'homme».
1987	Inauguration du bâtiment d'extension Friedrichstraße 43 (rez-de-chaussée et premier étage.
1989	98 représentations de la pièce de théâtre écrite par lui-même «R comme Rosa» (assistance à un réfugié moyennant un uniforme américain).
1990-1995	Conception et organisation de l'exposition itinérante «Fin du Mur berlinois – début de la nouvelle Europe» à travers l'Europe de l'Est et l'Israël.
1991-1994	Conception et organisation de l'exposition itinérante «BREAKTHROUGH – The Fight for Freedom at the Berlin Wall» à travers les Etats-Unis, en coopération avec le Musée Historique Allemand.
1991	Promotion et début des discours coupables - victimes entre des anciens détenus et des membres de la police politique.
1999	Inauguration du bâtiment d'extension Friedrichstraße 45 (deuxième étage).
2000	Août: inauguration de la réplique fidèle de la première baraque de contrôle des alliés dans la Friedrichstraße.

Distinctions de Dr. Rainer Hildebrandt

- 1992 ordre du mérite du Land Berlin
- 1994 Croix fédérale du mérite
- 1998 plaquette Imre-Nagy

Publications du Rainer Hildebrandt (Choix)

Brochures:
- KgU: Berichte aus Mitteldeutschland
- Was lehrte der 17. Juni? Eine Denkschrift
- Die Mauer
- Vom "13. August" zur "Modernen Grenze"
- 15 Jahre Mauer
- Wie sie die Mauer sehen
- Die gravierendsten Menschenrechtsverletzungen in der DDR
- Die gravierendsten Verletzungen von Arbeitsrechten in der DDR
- Ich war Grenzaufklärer
- Das Selbstschußgerät SM 70
- Probleme zur Realisierbarkeit eines schrittweisen Abbaus des Schießbefehls
- Claus Schenk Graf von Stauffenberg 1907 - 1944. Aus Anlaß des 80. Geburtstages
- Sacharow und die Menschenrechte, Plakatausstellung
- Nimm mich, Zeus
- Libida und Libido
- R wie Rosa (Bühnenstück, 98 Aufführungen im Haus am Checkpoint Charlie)
- 130 Jahre Zuchthaus

Livrer:
- Wir sind die Letzten
- 2 x 2 = 8
- Kontrollpunkt Kohlhasenbrück
- Berlin Friedrichstraße, 20.53 Uhr
- Es geschah an der Mauer
- Die Mauer spricht
- Die Mauer - Faszination der Fotokunst
- Als die Fesseln fielen
- Der 17. Juni
- Von Gandhi bis Walesa - Gewaltfreier Kampf für Menschenrechte
- Berlin - Von der Frontstadt zur Brücke Europas
- Berlin - Ich liebe Dich
- Wo Weltgeschichte sich manifestiert
- Geteilte Interpretationen – Maler sehen die Mauer
- Maler interpretieren die Mauer
- Kurt Mühlenhaupt – Maler der Menschenliebe
- Lusici: Weg-Zeichen
- Grigorjew: Erotische Zeichnungen
- Die Freiheit hat schon begonnen

MAUERMUSEUM
MUSEUM HAUS AM
CHECKPOINT CHARLIE

40 Jahre Mauermuseum, für Frieden in Freiheit,
gegründet 1962 direkt am legendären
Grenzübergang Checkpoint Charlie,
dem Brennpunkt des kalten Krieges, dort
wo die Weltenteilung begann
und wo sie endete.

Die Mauer - Geschichte
und Geschehnisse

Originale Objekte gelungener
Fluchten unter, auf und über
der Erde

Weltweiter Gewaltfreier Kampf
für Menschenrechte

Die Ausstellung ist betextet in deutsch,
englisch, französisch und russisch

An allen Tagen des Jahres
von 9.00 bis 22.00 Uhr geöffnet

Entstehung
Entwicklung
Zukunft
von Rainer Hildebrandt

Eine erste Ausstellung – eröffnet am 19. Oktober 1962 – war in einer 2½-Zimmer-Wohnung in der berühmten Bernauer Straße. In ihrer ganzen Länge war die Straße geteilt; die Häuser im Osten geräumt und die Fenster zugemauert. Wir appellierten an die Touristen, den Grenzsoldaten dankbar zu sein, die nicht gezielt feuern: „Durchschaut die Uniform!" Mancher der Grenzsoldaten wußte sich verstanden und kam nach seiner Flucht und wurde Mitkämpfer.

Der starke Besuch ermutigte, nach neuen Räumen zu suchen: Am 14. Juni 1963 wurde das „Haus am Checkpoint Charlie" eröffnet und zu einer Insel der Freiheit im letzten Gebäude direkt vor der Grenze. Hier konnten Fluchthelfer durch ein kleines Fenster alle Bewegungen am Grenzübergang beobachten, hier waren Geflüchtete stets willkommen und wurden unterstützt, hier wurden Fluchtpläne ausgedacht und immer gegen das Unrecht in der DDR gekämpft.

Es galt, das „beste Grenzsicherungssystem der Welt" (DDR-Armeegeneral Karl-Heinz Hoffmann) zu veranschaulichen und den Beistand der Schutzmächte -- dies bis zur Panzerkonfrontation USA/UdSSR. Weitere Ausstellungen entstanden folgerichtig: 1973: „Maler interpretieren DIE MAUER", 1976: „BERLIN –

Von der Frontstadt zur Brücke Europas", 1984: „VON GANDHI BIS WALESA -- Gewaltfreier Kampf für Menschenrechte".

Freundschaften mit Fluchthelfern brachten uns Heißluftballons, Fluchtautos, Sessellifte, ein Mini-U-Boot. Aktivisten im Widerstand verdanken wir ein unter Lebensgefahr abgebautes Selbstschußgerät sowie ein Mauerstück der Rohrauflage -- herausgeschlagen von „Mauerläufer John Runnings".

Auch dürfen wir uns das erste Museum des internationalen Gewaltfreien Kampfes nennen. Unter unseren Exponaten sind die Schreibmaschine der Charta 77, der Hektograph des illegalen Periodikums „Umweltblätter", Tagebuch und Sandalen von Mahatma Gandhi. Von Elena Bonner die Totenmaske ihres Lebensgefährten Andrej Sacharow.

Über hundert Militärmuseen gibt es in der Welt. In einer Epoche wachsender Verantwortlichkeit für unseren Heimatplaneten werden sicher noch weitere Museen des internationalen Gewaltfreien Kampfes entstehen. „Die Welt ist so gut gebaut, daß es gegen jedes Unrecht stärkere, es bezwingende Gegenkräfte gibt. ...In allem Unrecht dauert das Recht fort, in aller Unwahrheit die Wahrheit, in allem Dunkel das Licht" -- Worte von Mahatma Gandhi.

DIE MAUER
Vom 13. August
bis zu ihrem Fall

Die Ausstellung präsentiert die Geschichte der beiden Teile der Stadt, ihrer Gegensätze und Gemeinsamkeiten, seit Ende des Zweiten Weltkrieges. Dabei ist die Darstellung immer eine „beidseitige" – den Ereignissen in West-Berlin stehen die im Ostteil gegenüber: das zerstörte Berlin, Wiederaufbau, Blockade und Luftbrücke, Ernst Reuters Appell an die Welt (1948): „Schaut auf diese Stadt und erkennt, daß ihr diese Stadt und dieses Volk nicht preisgeben dürft, nicht preisgeben könnt!"

17. Juni 1953: Nahezu überall in der DDR erhebt sich die Bevölkerung, der Aufstand wird mit Hilfe sowjetischer Panzer blutig niedergeschlagen.

Weitere Stationen in dieser Ausstellung sind Mauerbau, Viermächte-Abkommen, 750-Jahr-Feier, Fall der Mauer und Wiedervereinigung.

13. August 1961: Rings um West-Berlin riegeln bewaffnete Verbände der DDR die Stadt hermetisch ab, der Bau der Mauer beginnt...

9. November 1989: Politbüromitglied Günter Schabowski gibt den Beschluß der DDR-Regierung bekannt, daß „Privatreisen nach dem Ausland ohne Anliegen von Voraussetzungen beantragt werden" können. Nur wenige Stunden später können die Grenzkontrollen den Andrang nicht mehr bewältigen und lassen durch...

Diese zwei historischen Daten markieren die Eckpfeiler unserer Ausstellung über die Berliner Mauer, deren Geschichte anhand von Fotos und Texten dargestellt wird. Zahlreiche originale Objekte gelungener Fluchten verdeutlichen den Wagemut und die Kreativität der Flüchtlinge. Fotos und Exponate zeigen die Entwicklung des DDR-Grenzsicherungssystems, von den ersten Hohlblocksteinen bis zur Mauer der vierten Generation, die mit ihren L-förmigen Segmenten zur längsten Betonleinwand der Welt wurde. Ein unter Lebensgefahr abgebautes Selbstschußgerät und weitere Elemente des ehemaligen „Grenzsicherungssystems" rings um eine Stadt und um ein Land veranschaulichen das geschichtlich Einmalige.

DIE MAUER wird zu einer Herausforderung: Von DDR-Bürgern, welche, Freizügigkeit fordernd, sich lediglich „§ 13" (der UNO-Charta) auf die Brust schreiben, bis US-Bürger John Runnings, der – auf der Mauer sitzend – ein Stück herausschlägt.

Es geschah am
CHECKPOINT CHARLIE

Friedrichstr. 43-45
10969 Berlin-Kreuzberg

Tel.: (030) 25 37 25-0
Fax: (030) 251 20 75

Postanschrift:
Postfach 61 02 26
10923 Berlin

MAUERMUSEUM
MUSEUM HAUS AM
CHECKPOINT CHARLIE

**An allen Tagen des
Jahres geöffnet
von 9.00 bis 22.00 Uhr**

Zu erreichen mit:
U-Bahn-Linie 6, Kochstraße
U-Bahn-Linie 2, Stadtmitte
Bus 129

Der Checkpoint Charlie war der wohl bekannteste Grenzübergang zwischen West und Ost. Im Oktober 1961 standen sich hier amerikanische und sowjetische Panzer gegenüber, als die USA fundamentale Rechte des Berlin-Status verteidigten.

Immer wieder auch wird der Checkpoint Charlie zum Schauplatz von Demonstrationen, hier gelingen Fluchten (im Museum ist u.a. eine zu Fluchtzwecken umgebaute Isetta zu sehen) oder scheitern kurz vor dem weißen Grenzstrich. Am 17. August 1962 verblutet Peter Fechter im Todesstreifen vor den Augen der Weltöffentlichkeit.

Am 22. Juni 1990 schließlich wird der Checkpoint Charlie in Gegenwart der Außenminister der vier Siegermächte des Zweiten Weltkriegs und der beiden deutschen Staaten in einer feierlichen Zeremonie abgebaut.

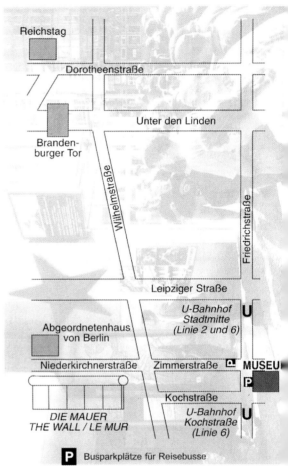

Reichstag

Dorotheenstraße

Unter den Linden

Brandenburger Tor

Wilhelmstraße

Friedrichstraße

Leipziger Straße

U-Bahnhof
Stadtmitte
(Linie 2 und 6) U

Abgeordnetenhaus
von Berlin

Niederkirchnerstraße

Zimmerstraße MUSEU

P

Kochstraße

*DIE MAUER
THE WALL / LE MUR*

U-Bahnhof
Kochstraße
(Linie 6) U

P Busparkplätze für Reisebusse

Das DDR-Grenzsicherungssystem „Ring um Berlin (West)"
Stand 31. Juli 1989

Gesamtlänge des „Ring um Berlin (West)"	155,0 km
davon:	
Länge zwischen Berlin (West) und Berlin (Ost)	43,1 km
Länge zwischen Berlin (West) und der DDR	111,9 km
Betonplattenwand mit Rohrauflage oder eingelassenem Rohr (3,5 bis 4,2 m; nur Grenznähe, nicht mitgezählt im rückwärtigen Gebiet, wo häufig dieselbe Mauer oder eine Mauer aus drei Platten stand)	106,0 km
Metallgitterzaun	66,5 km
Beobachtungstürme	302
Bunker	20
Hundelaufanlagen	259
Kraftfahrzeug-Sperrgräben	105,5 km
Elektrischer Kontakt- bzw. Signalzaun	127,5 km
Kolonnenweg	124,3 km

Maße eines Mauersegmentes:

Höhe	3,60 Meter
Breite	1,20 Meter
Tiefe am Fuß	2,10 Meter
Wandstärke	0,2 Meter am Fuß; 0,1 Meter oben
Gewicht	2,6 Tonnen
Material	Stahlbeton hoher Dichte

**Ring um Berlin (West) (13.08.1961 bis 09.11.1989)
Todesopfer und Fluchtversuche:**

geglückte Fluchtversuche	5.075
davon Angehörige bewaffneter Verbände	574
Todesopfer	176
Todesopfer des DDR-Grenzregimes insgesamt 1948-1989; einschließlich innerdeutsche Grenze, Ostsee, andere Ostblock-Staaten)	985

VON GANDHI BIS WALESA
Gewaltfreier Kampf für Menschenrechte

Diese Ausstellung – mit 14 Leihgaben aus dem Familienbesitz Gandhis, aus der CSSR die Schreibmaschine der „Charta 77", aus der DDR der Hektograph des illegalen Periodikums „Umweltblätter" – darf sich die erste Ausstellung des internationalen Gewaltfreien Kampfes nennen.

An Beispielen aus verschiedenen Ländern wird gezeigt, wie Recht durchgesetzt wurde, ohne Unrecht zu tun, vom Humor bis zu demonstrativ gewaltfreien Massendemonstrationen. Darunter die

„Leipziger Montagsdemonstrationen" und die des „4. November" (Ost-Berlin), der fünf Tage danach der Fall der Mauer folgte und schließlich Moskaus „Drei Tage im August" – im Museum ist die 50 Meter lange, weiß-blau-rote Fahne zu sehen, hinter der sich die Bürger Moskaus scharten und den Putsch der Altkommunisten zum Scheitern brachten.

Maler interpretieren DIE MAUER

"**N**ur weil es das Zeugnis der Maler und Dichter gegeben hat, können wir die Hoffnungen in der Vergangenheit verstehen und deren Zukunftsmöglichkeiten erkennen."

Dieses Wort des Philosophen Ernst Bloch steht als Motto über unserer Kunstausstellung. Sie zeigt nicht nur die anfangs doch recht seltene Interpretation der Mauer in der Bildenden Kunst (Horst Strempel, Roger Loewig, Gisela Breitling), sondern auch die bald danach entstandenen Arbeiten von Johannes Grützke, Matthias Koeppel, Karl Oppermann, Wolf Vostell u.a.

Mit dankenswerter Hilfe der „Stiftung Deutsche Klassenlotterie Berlin" immer wieder ergänzt, bietet die Ausstellung inzwischen nicht nur einen umfassenden Überblick über die künstlerische Verarbeitung der Mauer,

sondern ein weites Spektrum des Engagements von Künstlern für Menschenrechte insgesamt.

Zahlreiche international bekannte Kunstschaffende wie Bill, Brussilowski, Bulatow, Roseline Granet, Hajek, Heiliger, Hannah Höch, Kolar, Kyncl, Makarov, Masson, Penck, Reuter, Rischar, Tapies sind mit wichtigen Arbeiten vertreten. Fotos und Objekte können letztlich nur informieren. Dem Kunstschaffenden bleibt es zu veranschaulichen, wie eine Zeit erlebt wurde.

FLUCHT macht erfinderisch

Über 5.000 Menschen gelang zwischen 1961 und 1989 die Flucht über die Berliner Mauer. Zahlreiche der dabei verwendeten Hilfsmittel, die im Laufe der Jahre immer ausgefeilter werden mußten, um noch das ständig perfektionierte DDR-Grenzsicherungssystem überwinden zu können, fanden ihren Weg in das Haus am Checkpoint Charlie, so mehrere umgebaute Autos, ein Mini-U-Boot, von dem sich ein Flüchtling durch die Ostsee ziehen ließ, Heißluftballons und selbstgebaute Motordrachen, letztere ausgestat-

tet z.B. mit einem Trabant-Motor und dem Tank eines Jawa-Motorrads. Aber auch versteckt in einer Lautsprecherbox oder in einer Musiktruhe wurde aus der DDR geflüchtet.

Ausführlich sind die zahlreichen Fluchttunnels dokumentiert, durch dessen erfolgreichsten im Oktober 1964 an zwei Abenden insgesamt 57 Personen die Flucht nach West-Berlin gelang. Neben zahlreichen Fotos des ca. 140 Meter langen Stollens, an dem mehrere Monate lang gebaut wurde, ist auch der Wagen zu sehen, mit dem die Erdmassen transportiert wurden. Wir verdanken ihn einem der Fluchthelfer, Reinhard Furrer, später einer der ersten Deutschen im All und 1995 bei einem Flugzeugabsturz tödlich verunglückt.

204

Filmvorführungen

täglich von 9.00–22.00 Uhr
Videos zu den Themen der Ausstellungen (Der „17. Juni", Tunnel-
flucht, Flucht mit einem Ultra-
Leichtflugzeug, John Runnings auf
der Mauer, Das Ende der Mauer,
Rostropowitsch spielt am Checkpoint Charlie; Filme des Gewaltfreien Widerstandes: CSSR,
Moskau)

Spielfilme
und Dokumentarfilme

täglich 17.30 Uhr
„Mit dem Wind nach Westen"
täglich 19.30 Uhr
„Mein Kampf"

Referate zu den
Ausstellungsthemen
Bitte Voranmeldung

Führungen durchs Museum
und zur Mauer
Bitte Voranmeldung

Bibliothek
Öffentlich zugängliche Präsenzbi-
bliothek mit den Schwerpunkten
Nachkriegsgeschichte, Kalter
Krieg, Propaganda, DDR, MAUER
und Grenzsicherungssystem,
Staatssicherheit, Vergangenheits-
aufarbeitung. Aufstände und Um-
wälzungen im osteuropäischen
Raum: „17. Juni" 1953, 1980 (Polen, Solidarnosc), friedliche Revolutionen 1989. Gewaltfreier Kampf
weltweit.

Öffnungszeiten der Bibliothek
Montag bis Freitag
10.00 bis 17.00 Uhr
mit Voranmeldung

Cafeteria
täglich von 9.00 bis 22.00 Uhr
geöffnet

Eintrittspreise
Erwachsene **7,50 €**
Schüler, Studenten **4,50 €**
Gruppen ab 10 Personen
je **4,50 €**
(keine Voranmeldung
erforderlich)

**An allen Tagen
des Jahres geöffnet
von 9.00 bis 22.00 Uhr**

**Friedrichstraße 43-45
D-10969 Berlin-Kreuzberg**

**Postanschrift
Postfach 61 02 26
D-10923 Berlin**

**Tel.: (030) 25 37 25-0,
Fax: (030) 251 20 75**

**E-Mail:
info@mauermuseum.de
Internet:
www.mauermuseum.de**

Publikationen des „Verlag Haus
am Checkpoint Charlie"

ES GESCHAH AN DER MAUER
192 S., 227 Abb., 19. erw. Aufl.
2000 (bisher 1.100.000), zugl.
engl., frz., span., ital.
ISBN 3-922484-38-7, **12,50 €**

**VON GANDHI BIS WALESA
Gewaltfreier Kampf für Menschenrechte**
304 S., 369 Abb., zugl. engl., frz.
ISBN 3-922484-33-6, **10,50 €**

**Deutsche Nachkriegsgeschichte
in ausgewählten Aufsätzen von
Rainer Hildebrandt 1949-1993**
192 S., 220 Abb.
ISBN 3-922484-42-5, **10,20 €**
(auch in Engl.)

DIE MAUER. Zahlen. Daten
144 S., 55 Abb.
ISBN 3-922484-43-3, **10,20 €**

Zu den weiteren Publikationen
des „Verlag Haus am Checkpoint
Charlie" (u.a. Aufstand „17. Juni",
Mauer, DDR-Grenzsicherungssystem, Maler interpretieren DIE
MAUER, Stasi) bitte Verlagspro-
gramm anfordern.

**Des weiteren im
Museumsshop erhältlich:**
• T-Shirts, Art-Shirts
  (in limitierter Auflage)
• Original Mauerstücke
• Postkarten, Poster
• Dias
• Leporello „Entlang der Mauer"
  aus 33 Postkarten mit Mauer-
  bemalungen; Gesamtlänge fast
  fünf Meter
• Souvenirs für Freunde und
  Sammler

MAUERMUSEUM
MUSEUM HAUS AM
CHECKPOINT CHARLIE

Wall Museum:
40 years' dedication to peace in freedom,
founded in 1962 beside the legendary
Checkpoint Charlie border crossing,
the geographical focal point of the Cold War,
where two worlds split apart
and joined again.

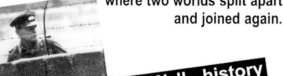

The Wall - history and incidents

Original objects from successful escapes under, over and above ground

World-wide non-violent struggle for human rights

The exhibition text is in German, English, French, and Russian.

Open every day of the year from 9.00 until 22.00

The first exhibition opened on the 19 October 1962 in an apartment with only two and a half rooms in famous Bernauer Straße. The street was divided along its whole length; the buildings in the east had been vacated and their windows were bricked up. We suggested that tourists be thankful to those border guards who do not shoot to kill: "See through the uniform!" Some guards saw that we understood, and after their own escapes came to work with us.

The large number of visitors encouraged us to look for new premises: on 14 June 1963 the "Haus am Checkpoint Charlie" was opened and became an island of freedom right next to the border. From here, through a small window, escape helpers could observe all movements at the border crossing; escapees were always welcome and supported, escape plans were worked out, and injustice in the GDR was always fought against.

The aim was to document the "best border security system in the world" (GDR armed forces general Karl-Heinz Hoffmann) and the support of the protecting powers — until the tank confrontation between the USA/USSR. Further exhibitions followed: 1973 "Artists interpret THE WALL", 1976: "Berlin - from a front-line city to Europe's bridge", 1984: "FROM GANDHI TO WALESA - non-violent struggle for human rights".

Because of our friendly contacts with escape helpers we got hot-air balloons, escape cars, chairlifts, and a small submarine. We are grateful to resistance activists for a spring gun for the dismantling of which they had risked their lives and a piece of the wall's tubular top-cladding, knocked off by "wall runner" John Runnings.

We can also call ourselves the first museum of international non-violent protest. Our exhibits include: The Charta 77 typewriter, the hectograph of the illegal periodical "Umweltblätter" ("Environmental Pages"), Mahatma Gandhi's diary and sandals and from Elena Bonner the death mask of her partner Andrei Sacharov.

There are over a hundred military museums in the world. But in an epoch of growing responsibility for our planet we can be sure that more museums of international non-violent protest will be established. "The world is so well built that against every injustice there are stronger, vanquishing forces. ...From every injustice arises justice, from every untruth truth, from darkness light." – Words of Mahatma Gandhi.

THE WALL
from 13 August 1961
to its fall

BERLIN
from a front-line city
to the bridge of Europe

The exhibition presents the history of both parts of the divided city - their contrasts and similarities -as from the end of World War II. The presentation is always "two-sided" - events in West Berlin are seen in relation to those in the East: Berlin in ruins, rebuilding, blockade and airlift, Ernst Reuter's appeal to the world (1948): "Look to this city and recognise that you must not abandon it and its people, that you cannot abandon it!"

17 June 1953: almost everywhere in the GDR the population is in revolt. The uprising is brutally put down with the help of Soviet tanks.

Further stages in the exhibition show the building of the Wall, the Four Powers Agreement, the 750th anniversary celebrations, the fall of the Wall and the German reunification.

13 August 1961: all around West Berlin, armed military units of the GDR hermetically seal off the city. The erection of the wall begins...

9 November 1989: politburo member Günter Schabowski announces the decision of the GDR government that "travel abroad for private reasons may be unconditionally applied for."
A few hours later border controls can no longer deal with the crowds and let the people through...

These two historic dates mark the corner-stones of our exhibition about the Berlin Wall, the history of which is presented by means of photographs and texts. Numerous original objects from successful escapes demonstrate the courage and creativity of the escapees. Photos and objects show the development of the GDR's border security system, from the first hollow blocks to the Wall ot the fourth-generation, the L-shaped segments of which became the longest concrete canvas in the world. A spring gun for the dismantling of which they had risked their lives, and other elements of the former "border security system" surrounding a city and a country illustrate the Wall's historic uniqueness.

THE WALL becomes a challenge: from GDR citizens, who call for freedom of movement by simply writing "§ 13" (paragraph 13 of the UN Charter) on their chests, to US citizen John Runnings, who - sitting astride the wall - is hammering off a piece.

It happened at
CHECKPOINT CHARLIE

Friedrichstr. 43-45
D-10969 Berlin-Kreuzberg

Tel.: (030) 25 37 25-0
Fax: (030) 251 20 75

Postal address:
Postfach 61 02 26
D-10923 Berlin

MAUERMUSEUM
MUSEUM HAUS AM
CHECKPOINT CHARLIE

Open every day
of the year
from 9.00 until 22.00

Public transport:
Underground line 6, Kochstraße
Underground line 2, Stadtmitte
Bus 129

Checkpoint Charlie was the most well-known border crossing between East and West. In October 1961 American and Russian tanks faced each other here, when the USA intervened to defend the fundamental rights of Berlin's special status.

Again and again, Checkpoint Charlie is the scene of demonstrations. Escape attempts are either successful (eg. in an *Isetta*, a small *car* reconstructed for escape purposes is displayed in the museum) or fail just in front of the the white borderline. On 17 August 1962, Peter Fechter bleeds to death before the eyes of the world.

Finally, on 22 June 1990, in the presence of the foreign ministers of the four victorious powers of World War II and both German states, Checkpoint Charlie is demolished in a solemn ceremony.

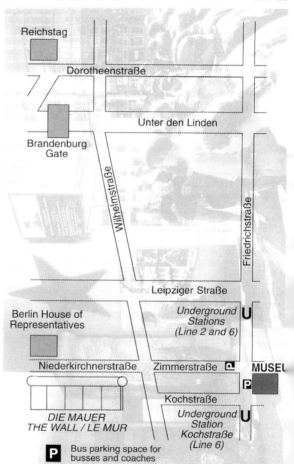

The GDR border security system "Ring around Berlin (West)"

as of 31 July 1989

Total length of the "Ring around Berlin (West)" – of this:	155.0 km
between Berlin (West) and Berlin (East)	43.1 km
between Berlin (West) and the GDR	111.9 km
Concrete plate wall with tubular top-cladding or inserted tubes (3.5 - 4.2m; only near the border, in the rear area with often the same wall or a wall consisting of three boards not included)	106.0 km
Metal fencing	66.5 km
Observation towers	302
Bunkers	20
Dog-runs	259
Motor vehicle trenches	105.5 km
Electric contact or signal fencing	127.5 km
Military roadway	124.3 km

Measurements of a wall segment:	
Height	3.60 m
Width	1.20 m
Breadth at the base	2.10 m
Wall thickness	0.2 m below; 0.1 m on top
Weight	2.6 tons
Material	thick reinforced concrete

"Ring around Berlin (West)" (13.08.61 - 09.11.89) Fatalities and Escape Attempts:

Successful escape attempts	5.075
of these members of armed brigades	574
Victims	176
Total fatalities of the GDR border regime (1948-1989; German-German border, Baltic Sea, other Eastern Block States included)	985

FROM GANDHI TO WALESA
Non-violent struggle for human rights

This exhibition - including 14 loans from the Gandhi family, the typewriter belonging to "Charta 77" from the former Czechoslovakia, the hectograph of the illegal periodical "Umweltblätter" ("Environmental Pages") from the GDR - can be called the first exhibition of international non-violent protest.

Examples from various countries show how justice was achieved without wrongdoing with either humour or non-violent demonstrations. Included are the "Monday Demonstrations" in Leipzig and the demonstration on "4 November" in East Berlin, followed by the fall of the Berlin Wall five days later, and finally Moscow's "Three Days in August": In the museum, the 50 metres long, white, blue and red flag can be seen behind which Moscow's citizens gathered to defeat the communists' coup d'état.

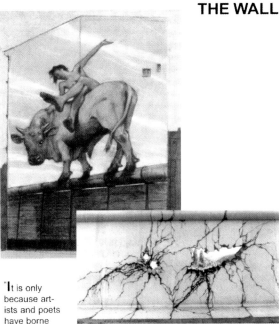

"It is only because artists and poets have borne witness that we can understand past hopes and recognise their perspectives for the future."

These words by the philosopher Ernst Bloch are the introductory motto to our art exhibition. It not only presents the at first rarely occurring portrayals of the Berlin Wall in visual art (Horst Strempel, Roger Loewig, Gisela Breitling), but also, among others, works by Johannes Grützke, Matthias Koeppel and Karl Oppermann appearing lateron.

The exhibition, which we are continually able to extend thanks to the kind support of the foundation "Stiftung Deutsche Klassenlotterie Berlin", is not only a comprehensive overview of artistic portrayals of the Wall, it also covers a wide range of

artistic commitment to human rights as a whole.

Works can be seen by numerous internationally renowned artists such as Bill Brussilowski, Bulatow, Roseline Granet, Hajek, Heiliger, Hannah Höch, Kolar, Kyncl, Makarov, Masson, Penck, Reuter, Rischar and Tapies. In the end, photographs and objects can only inform, but artists can exemplify how a particular time was experienced.

Between 1961 and 1989 more than 5,000 people were able to escape across the Berlin Wall. In the course of time the aids they used to overcome the increasingly perfected GDR border security system became more and more inventive, and many of them have found their way into the museum's collection: several reconstructed cars, a mini submarine with which an escapee dragged himself along in the Baltic Sea, hot-air balloons and home-made motor-powered kites equipped with a Trabant engine or

the tank of a Java motorbike. People also escaped hidden in loudspeakers, or in a radiogram.

Full documentation is available on numerous escape tunnels. The most successful of them enabled 57 people to reach West-Berlin on two evenings in October 1964. In addition to many photographs of the tunnel, the car in which the earth masses were transported is also on view. For this donation we are grateful to one of the escape helpers, Reinhard Furrer, who lateron became one of the first Germans in space and who died in 1995 in a plane crash.

Film shows:
daily from 9.00-22.00
Videos on subjects from the exhibitions ("17 June", Escape by Tunnel, John Runnings on the Wall, The End of the Wall, Rostropowitsch Plays at Checkpoint Charlie; films on passive resistance: Czechoslovakia, Moscow)

**Feature Films
and Documentary Films**
at 17:30 hours every day
"With the Wind to the West"
at 19:30 hours every day
"My Struggle"

**Lectures on
Exhibition Subjects**
With appointment please

**Guided Tours through the
Museum and to the Wall**
With appointment please

Library:
Public reference library focusing on post-war history, the Cold War, Propaganda, GDR, the BERLIN WALL and border security system, state security, reappraisal of the past. Uprisings and revolutions in Eastern Europe: "17 June" 1953, 1980 (Poland, Solidarnosc), peaceful revolutions 1989. Non-violent protest worldwide.

Library opening times
Mondays to Fridays
10:00 to 17:00 h
and upon prior appointment

Cafeteria
Open daily from 09:00 to 22:00 h

Admission:
Adults **7,50 €**
School and university students etc.
4,50 €
Groups of more than 10 persons,
4,50 € per person
(booking in advance is not necessary)

**Open every day
of the year
from 9:00 until 22:00 h**

**Friedrichstraße 43-45
D-10969 Berlin-Kreuzberg**

**Postal address:
Postfach 61 02 26
D-10923 Berlin**

Phone: (030) 25 37 25-0
Fax: (030) 251 20 75

E-Mail:
info@mauermuseum.de
Internet:
www.mauermuseum.de

**Books by "Haus am Checkpoint
Charlie Publications"**

IT HAPPENED AT THE WALL
192 p., 227 photos, 19th extd. ed. 2000 (hitherto 1,100,000), in Eng., Fr., Sp., It.
ISBN3-922484-38-7, **12,50 €**

**FROM GANDHI TO WALESA
Non-violent struggle for human rights**
304 p., 369 photos, in Engl., Fr.
ISBN 3-922484-33-6, **10,50 €**

**German Post-War History in
Selected Articles by Rainer
Hildebrandt 1949-1993**
192 p., 220 photos
ISBN 3-922484-42-5, **10,20 €**
(available also in English)

THE WALL, Figures, Data
144 p., 55 photos
ISBN 3-922484-43-3, **10,20 €**

Please request our catalogue for information about other books available from "Haus am Checkpoint Charlie Publications" ("17 June" uprising, Berlin Wall, GDR border security system, Artists Interpret THE WALL, Stasi).

**Also available in the
museum´s shop:**
• T-shirts, Art-shirts
  (in limited numbers)
• original pieces of the Wall
• Postcards, posters
• Slides
• Leporello "Along the Wall" consisting of 33 postcards of wall-painting; total length almost 5 metres
• Souvenirs for friends and collectors

MAUERMUSEUM
MUSEUM HAUS AM
CHECKPOINT CHARLIE

YOU ARE LEAVING
THE AMERICAN SECTOR
Вы выезжаете из
АМЕРИКАНСКОГО СЕКТОРА
VOUS SORTEZ
DU SECTEUR AMÉRICAIN

40 ans du Musée du Mur, pour la paix dans la liberté, fondé en 1962 et situé directement au légendaire poste frontière de Checkpoint Charlie, le foyer de la Guerre Froide, là où a commencé le morcellement du monde et où il a trouvé sa fin.

Le Mur - histoire et points forts

Objets originaux utilisés lors d'évasions réussies, sur et sous terre

Un combat non-violent à l'échelle planétaire au profit des Droits de l'Homme

L'exposition est présentée en allemand, anglais, français et russe

Ouvert tous les jours de l'année de 9 h à 22 h

Avénement
Développement
Avenir
de Rainer Hildebrandt

Une première exposition - inaugurée le 19 octobre 1962 - se situait dans un appartement de deux pièces et demie dans la célèbre Bernauer Straße. Sur toute sa longueur, la rue était coupée en deux. Les maisons côté Est étaient désertées et leurs fenêtres murées. Nous avons demandé aux touristes de montrer leur reconnaissance aux soldats garde-frontières qui négligeaient de viser lorsqu'ils faisaient feu. "Regardez au delà des uniformes et galons!" Plusieurs des garde-frontières se savaient compris et vinrent ensuite, à la suite de leur désertion, apporter leur aide aux passeurs de l'Ouest.

La forte affluence du public nous encouragea à la recherche de nouveaux locaux. Le 14 juin 1963, le musée "Haus am Checkpoint Charlie" fut inauguré et devint un havre de liberté dans les derniers bâtiments, juste avant la frontière. Ici, les passeurs pouvaient observer tous les mouvements des gardes, les clandestins étaient les bienvenus et ils étaient aidés. Ici, de nombreux plans d'évasion furent conçus et l'on combattait sans relâche l'injustice du régime RDA.

Il s'agissait de documenter ce qui était devenu le système de sécurité des frontières le meilleur du monde (Karl-Heinz Hoffmann, Général des Armées RDA), de même que la présence et l'assistance des forces aliées de protection, cela jusqu'à la confrontation entre chars américains et soviétiques.

D'autres expositions furent présentées en conséquence. Ainsi, en 1973: "Des peintres interprètent LE MUR", en 1976: "BERLIN - De la ville front à la ville segment de l'Europe", en 1984: "DE GANDHI À WALESA - Un combat non-violent au profit des Droits de l'Homme".

Les amitiés nées entre évadés et passeurs nous ont permis d'entrer en possession de ballons gonflables, de voitures ayant servi à s'évader, de remonte-pentes, d'un mini sous-marin. Grâce à des résistants, nous possédons une arme à tir automatique qui fut dérobée dans des conditions périlleuses au risque de la vie. De même, un morceau du Mur en béton armé, dérobé par "l'acrobate du Mur", John Runnings.

Ainsi, nous pouvons nous appeler le premier musée du combat non-violent international. Parmi les objets que nous exposons, on trouve la machine à écrire de la Charte 77, polycopieur du périodique illégal "Umwelt-blätter", le journal intime et les sandales de Mahatma Gandhi. D'Elena Bonner, nous possédons le masque mortuaire de son époux Andreï Zakharov.

Il y a plus 100 musées mili-taires dans le monde. A une époque où l'on montre de plus en plus de responsabilité envers la survie de notre planète natale, d'autres musées du combat non-violent international seront très certaine-ment créés. "Le monde est ainsi si bien fait que contre toute force de l'injustice, il existe d'autres forces plus puissantes encore et capables de s'y opposer. ...Dans toute injustice, la justice s'impose, dans tout mensonge, la vérité, dans toute obscurité, la lumière" - Paroles de Mahatma Gandhi.

LE MUR
du 13 août
à sa chute

BERLIN
De la ville front
à la ville segment
de l´Europe

L´exposition présente l´histoire des deux parties de la ville, leurs différences et leurs similitudes, et cela depuis la Seconde Guerre Mondiale. La présentation se doit toujours d´être "double". En effet, les événements de Berlin-Ouest avaient toujours une conséquence ou un pendant à l´Est: Berlin en ruines, la reconstruction, blocus et pont aérien, l´appel au monde entier d´Ernst Reuter (1948): "Regardez cette ville et avouez que vous ne devez abandonner cette ville et ce peuple, vous ne pouvez point le faire".

17 juin 1953: presque partout en RDA, la population se soulève, une révolte qui sera étouffée dans le sang avec l´aide des chars soviétiques.

D´autres points forts dans cette exposition portent sur la construction du Mur, l´accord des quatre nations vainqueurs de la Seconde Guerre Mondiale, la célébration des 750 ans, la chute du Mur et la réunification.

13 août 1961: tout autour de Berlin-Ouest, des unités armées de la RDA encerclent la ville de façon hermétique, la construction du Mur commence...

9 novembre 1989: Günter Schabowski, membre du bureau politique annonce la décision du gouvernement RDA. "Les voyages privés en destination de l´étranger peuvent désormais être demandés sans aucune condition particulière". Quelques heures plus tard seulement, les douaniers ne peuvent plus faire face à la demande du peuple et ne peuvent faire autrement que laisser simplement passer...

Ces deux dates historiques forment les deux bornes extrêmes de notre exposition sur le Mur de Berlin, dont l´histoire est présentée par des photographies et des textes. De nombreux objets originaux issus d´évasions réussies permettent de mieux comprendre le courage et la créativité de tous ceux qui clandestinement passèrent la

frontière. Des documents photographiques et des objets divers montrent l´évolution du système de sécurité des frontières RDA, depuis les premiers blocs de pierre creuse jusqu´au mur de la quatrième génération qui, avec ses segments en forme de L, forma la plus longue toile en béton du monde. Une arme à tir automatique, dérobée dans des conditions périlleuses au risque de la vie, ainsi que d´autres objets du "système de sécurité des frontières" tout autour dúne ville et d´un pays entier donnent la pleine mesure du caractère singulier de cette période historique.

LE MUR constitue une provocation pour les citoyens de la RDA qui, avides de liberté, inscrivant sur leur poitrine le paragraphe 13 de la Charte des Nations Unies, jusqu´au citoyen américain John Runnings, assis sur le Mur, en train d´en détacher un morceau.

Cela se passa à
CHECKPOINT CHARLIE

Friedrichstraße 43-45
D-10969 Berlin-Kreuzberg

Tél: (030) 25 37 25-0
Fax: (030) 251 20 75

Adresse postale:
Postfach 61 02 26
D-10923 Berlin

MAUERMUSEUM
MUSEUM HAUS AM
CHECKPOINT CHARLIE

Ouvert tous les jours
de l'année
de 9 h à 22 h

Pour s'y rendre:
U-Bahn Ligne 6, Kochstraße
U-Bahn Ligne 2, Stadtmitte
Bus 129

Checkpoint Charlie fut très certainement le plus célèbre poste de frontière entre l'Est et l'Ouest. A cet endroit, en octobre 1961, les chars américains et soviétiques se positionnèrent face à face alors que les Etats-Unis voulaient défendre les droits de Berlin, liés à son statut.

Très souvent, Checkpoint Charlie fut le lieu d'action de manifestations, de réussites d'évasion (dans le musée, on peut voir entre autre une Isetta transformée afin de servir pour une évasion) ou d'échecs tragiques, juste avant la

ligne blanche marquant la frontière. Le 17 août 1962, Peter Fechter fut mortellement blessé, dans la zone interdite "Danger de mort", et cela sous les yeux du monde entier.

Le 22 juin 1990, finalement, Checkpoint Charlie sera démantelé lors d'une cérémonie en présence des Ministres des Affaires Etrangères des quatre nations vainqueurs de la Seconde Guerre Mondiale et des représentants deux Etats allemands.

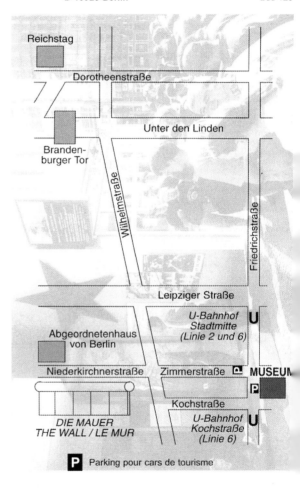

Parking pour cars de tourisme

Le système de sécurité des frontières de RDA
"Ceinture autour de Berlin (Ouest)"

Etat au 31 juillet 1989

Longueur totale de la "Ceinture autour de Berlin (Ouest)"	155,0 km
dont:	
Longueur entre Berlin (Ouest) et Berlin (Est)	43,1 km
Longueur entre Berlin (Ouest) et la RDA	111,9 km
Mur composée de plaques en béton armé avec	
appui tabulaire ou tubes encastrés	106,0 km
(3, 5 à 4, 2 m. Uniquement aux abords des frontières,	
ne sont pas comptés les parties en zone arrière où	
l'on trouve souvent le même type de mur ou bien	
un mur composé de trois plaques)	
Clôture grillagée	66,5 km
Tours de contrôle	302
Bunker	20
Unités chien de garde	259
Tranchées de blocage véhicule	105,5 km
Clôture électrifiée ou à alarme	127,5 km
Chemins à convoi	124,3 km
Mesures d'un segment de mur:	
Hauteur	3,60 m
Largeur	1,20 m
Profondeur au sol	2,10 m
Epaisseur du mur	0,20 au sol; 0,10 m en haut
Poids	2,60 tonnes
Matériau	Béton armé à forte densité

"Ceinture autour de Berlin (Ouest)" (du 13.08.1961 au 09.11.1989)
Victimes tuées et tentatives d'évasion

Evasions réussies	5 075
dont réalisées par des organisations armées	574
Victimes tuées	176
Total des victimes du système de sécurité	
des frontières de la RDA	985
(1948-1989; y compris l'ensemble des frontières allemandes,	
mer Baltique et autres pays du bloc de l'Est)	

DE GANDHI
À WALESA
Un combat non-violent
au profit des
Droits de l'Homme

Cette exposition - composée de 14 objets empruntés à la famille Gandhi, de la machine à écrire de la "Charte 77" de la Tchécoslovaquie, du polycopieur du périodique illégal "Umweltblätter" de RDA- a le droit de se nommer la première exposition sur le combat non-violent international.

Avec des exemples issus de différents pays, l'exposition montre comment la justice s'est imposée, sans commettre d'injustice, en se servant de l'humour de même que de démonstratives manifestations de masse non-violentes.

On peut voir, entre autres, les manifestations du Lundi de Leipzig ainsi que celle du 4 novembre (Berlin-Est) à la suite de laquelle, cinq jours plus tard, la chute du Mur se produisit. "Les trois jours d'août" de Moscou sont également documentés. Dans le musée, on peut voir le drapeau blanc-bleu- rouge, d'une longueur de 50 mètres, sous lequel les habitants de Moscou se sont rassemblés et ont fait échouer le putsch des anciens communistes.

Des peintres interprètent
LE MUR

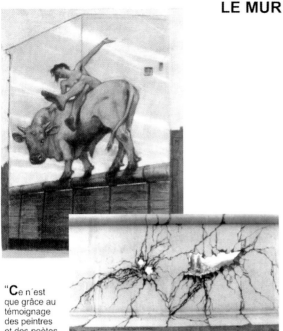

Le rêve d´évasion
rendit inventif

"Ce n´est que grâce au témoignage des peintres et des poètes que nous pouvons comprendre l´espoir du passé et reconnaître sa perspective à venir".

Ces paroles du philosophe Ernst Bloch sont la phrase phare de notre exposition artistique. Celle-ci ne montre pas seulement les premiers et plutôt rares regards sur le Mur de la part d´artiste-peintres (Horst Stempel, Roger Loewig, Gisela Breitling) mais aussi les travaux, réalisés peu après, de Johannes Grützke, Matthias Koeppel, Karl Oppermann et Wolf Vostell, pour ne citer que quelques-uns d´entre eux.

Grâce au soutien généreux et toujours renouvelé de la "Stiftung Deutsche Klassenlotterie Berlin", l´exposition toujours complétée propose aujourd´hui non seulement un large pano-rama sur les travaux artistiques réalisés autour de la thématique du Mur, mais aussi un spectre bien plus large et général sur l´engagement des artistes au profit des Droits de l´Homme.

De nombreux créateurs de renommée internationale tels que Bill, Broussilovski, Boulatov, Roseline, Granet, Hajek, Heiliger, Hannah Höch, Kolar, Kyncl, Makarov, Masson, Penck, Reuter, Rischar, Tapies sont présents au travers d´œuvres importantes. En fait, les photographies et les objets ne peuvent, quant à eux, qu´informer. C´est aux artistes qu´il appartient de montrer comment un moment de l´histoire fut perçu et vécu.

Plus de 5000 personnes réussirent entre 1961 et 1989 à franchir clandestinement le Mur de Berlin. De nombreux objets et engins ayant servi à toutes ces évasions, et qui furent au cours des années toujours réalisés avec plus de perfection afin de déjouer sans cesse un système de sécurité des frontières DDR toujours plus efficace, ont trouvé leur place dans la "Haus am Checkpoint Charlie". Ainsi, nous possédons plusieurs automobiles, toutes transformées, un mini sous-marin, qui fut utilisé par un clandestin lors d´une évasion par la Mer Baltique, des ballons gonflables et des cerfvolants à moteur. Parmi ces derniers, l´un est, par exemple,

équipé d´un moteur de Trabant et d´un réservoir de motocyclette Jawa. De DDR, on s´est aussi évadé caché dans un haut-parleur ou dans une boîte à musique.

Les nombreux tunnels ayant servi aux évasions sont documentés de façon exhaustive. C´est grâce à eux qu´eut lieu l´évasion avec le plus grand succès. En octobre 1964, et cela durant deux nuits de suite, 57 personnes réussirent à s´échapper par un tunnel. A côté des nombreuses photographies montrant la galerie d´une longeur de 140 mètres, construite pendant plusieurs mois on peut aussi voir la voiture qui fut utilisée pour le transport de toute la masse de terre et de gravats. Nous possédons cette documentation grâce à l´une des personnes qui contribua à cette réussite, Reinhard Furrer. Il fut plus tard l´un des premiers allemands à voyager dans l´espace et il mourut tragiquement en 1995 lors d´un accident d´avion.

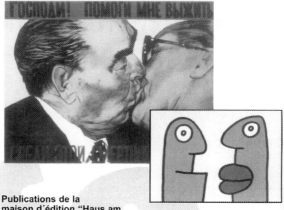

Présentation de films
Tous les jours de 9 h à 22 h
Vidéos avec les thématiques des
expositions (Le 17 juin, Evasion
par le tunnel, Evasion avec un
avion ultra léger, John Runnings
et le Mur, La fin du Mur,
Rostropovitch joue à Checkpoint
Charlie, Le film de la résistance
non-violente: Tchécoslovaquie,
Moscou)

**Films long métrage et
films documentaires**
tous les jours à 17:30 heures
„Vers l'Ouest avec le vent"
tous les jours à 19:30 heures
„Ma Lutte"

**Conférences relatives aux
sujets d'exposition**
Prière de se faire inscrire

**Visites guidées du musée
et du Mur**
Prière de se faire inscrire

Bibliothèque
Les ouvrages de notre bibliothèque sont accessibles au public
pour consultation. Ils s'inscrivent
dans les domaines principaux
suivants: l'histoire depuis 1945, la
guerre froide, la propagande, la
RDA, le Mur et le système de
sécurité des frontières, la
Staatssicherheit, prise de
conscience du passé, révoltes et
révolutions en Europe de l'Est:
17 juin 1953, 1980 (Pologne,
Solidarnosc), la révolution non-
violente de 1989 et le combat
non-violent dans le monde.

**Jours et horaires d'ouverture de
la bibliothèque**
Du lundi au vendredi
de 10 h à 17 h.
Une réservation est nécessaire.

Cafétéria
ouverte tous les jours
de 09:00 à 22:00 heures

Prix d'entrée
Adultes **7,50 €**
Elèves, étudiants **4,50 €**
Groupes à partir de 10 personnes
4,50 € (par personne)
(aucune réservation n'est
nécessaire)

**Ouvert tous les jours
de l'année
de 9 h à 22 h**

**Friedrichstraße 43-45
D-10969 Berlin-Kreuzberg**

Adresse postale:
**Postfach 61 02 26
D-10923 Berlin**

**Tél: (030) 25 37 25-0
Fax: (030) 251 20 75**

E-Mail:
info@mauermuseum.de
Internet:
www.mauermuseum.de

**Publications de la
maison d'édition "Haus am
Checkpoint Charlie"**

CELA S'EST PASSE AU MUR
192 p., 227 fig.
19ème édition complétée en
2000 (1 100 000 d'exemplaires
vendus jusqu'à présent),
également en anglais, français,
espagnol et italien.
ISBN 3-922484-38-7, **12,50 €**

**DE GANDHI À WALESA
Un combat non-violent au
profit des Droits de l'Homme**
304 p., 369 fig., également en
anglais et français.
ISBN 3-922484-33-6, **10,50 €**

**Histoire allemande d'après-
guerre en essais choisis de
Rainer Hildebrandt 1949-1993**
192 p., 220 fig.
ISBN 3-922484-42-5, **10,20 €**
(également en anglais)

LE MUR. Chiffres. Données.
144 p., 55 fig.
ISBN 3-922484-43-3, **10,20 €**

Pour les autres publications de la
maison d'édition "Haus am
Checkpoint Charlie", entre autres:
Aufstand 17. Juni (La révolte du
17 juin), Mauer (Le Mur), DDR-
Grenzsicherungssystem, (Le
système de sécurité des
frontières de DDR), Maler
interpretieren DIE MAUER (Des
peintres portent leur regard sur
LE MUR), Stasi (La Stasi), prière
de demander notre catalogue.

**Dans le magasin du musée,
vous trouverez également:**

• T-shirts, Art-shirts
  (en édition limitée),
• véritables morceaux de pierre
  du Mur,
• cartes postales et affiches,
• diapositives,
• "Le long du Mur" dépliant de
  33 cartes postales avec des
  peintures sur le Mur. Longueur
  totale environ cinq mètres.
• Souvenirs pour vos amis et
  pour collectionneurs.

Publikationen des Verlages Haus am Checkpoint Charlie

Rainer Hildebrandt

Es geschah an der MAUER
It happened at the WALL
Cela s'est passe au MUR

192 S., 227 Abb., 19. erw. Aufl. 2000 (bisher 1.100.000), zugl. engl., frz., span., ital.; eine Bilddokumentation des Sperrgürtels um Berlin (West), seine Entwicklung vom 13. August 1961 bis zum Fall mit den wichtigsten Geschehnissen.

12,50 € / ISBN 3-922484-38-7

Alexandra Hildebrandt

DIE MAUER. Zahlen. Daten
The WALL. Figures. Facts

144 S., 65 Abb., auch engl. Dieses Buch ist ein Versuch, die Zahlen und Daten zur Mauer zusammenzufassen, da die Aufarbeitung der DDR noch lange nicht als abgeschlossen betrachtet werden kann. Materialien zu folgenden Kapiteln: Opfer des Zweiten Weltkrieges, Teilung Deutschlands und Berlins, Mauer und innerdeutsche Grenze, Flucht und Todesopfer, Organisation des Grenzregimes und der Staatssicherheit, Unrecht in der DDR, Opposition. Mit einem Geleit von Rainer Hildebrandt.

10,20 € / ISBN 3-922484-43-3
engl. 10,20 € / ISBN 3-922484-46-8

DIE MAUER spricht
THE WALL speaks

64 S., Kunstdruck, 81 Abb. (davon 40 in Farbe), 7. erg. Aufl. 1992, zugl. engl.; der Fall der Mauer am 9. November 1989 und die Öffnung des Brandenburger Tors im Dezember; des weiteren die einzelnen Entwicklungsstadien der Mauer seit 1961, Graffiti und 9 preisgekrönte Beiträge (in Farbe) zum Ideenwettbewerb "Überwindung der MAUER durch Bemalung der MAUER". Mit Erläuterungen von Rainer Hildebrandt.

9,00 € / ISBN 3-922484-32-8

Der 17. Juni

224 S., 82 Abb.; zehn Erlebnisgeschichten von Personen in verschiedenen Brennpunkten des Aufstandes sowie ergänzende dokumentarische Materialien und bisher unveröffentlichtes Fotomaterial. Von Rainer Hildebrandt.

5,00 € / ISBN 3-922484-05-0

Alexandra Hildebrandt

Geteiltes Deutschland. Grenzschilder
Devided Germany. Border Signs
L'Allemagne separee. Panneaux de delimitation de frontières

80 S., 70 farbige Abb. von Schildern, des weiteren 34 dokumentarische Fotos, zugl. engl., frz. Aus dem Geleitwort von Alexandra Hildebrandt: "DIE MAUER teilte nicht nur den Raum, auch die Zeit. Am 9. November 1989 wurde in Deutschland vermeintlich Utopisches zur Wirklichkeit. Als historische Krönung des Widerstandes, vom Volksaufstand des 17. Juni 1953 bis zu den Leipziger Montagsdemonstrationen, fiel DIE MAUER. Einige Grenzschilder, Mitwirkende der dramatischen Ereignisse an der deutsch-deutschen Grenze, haben ihren Platz im Haus am Checkpoint Charlie gefunden." Diese und zahlreiche weitere Schilder aus dem Bereich der Schutzmächte sind in dieser Dokumentation versammelt.

5,50 € / ISBN 3-922484-44-1

VON GANDHI BIS WALESA
- Gewaltfreier Kampf für Menschenrechte
FROM GANDHI TO WALESA
- Nonviolent Struggle for Human Rights
DE GANDHI A WALESA
- Lutte non-violente pour les Droits de l'Homme

304 S., 369 Abb., zugl. engl., frz. (separate Texthefte in ital. und russ.); Gandhi als Schöpfer der Prinzipien des Gewaltfreien Kampfes; des weiteren Beispiele aus Polen (Solidarnosc), der CSSR (Charta 77), den USA (Martin Luther King), der UdSSR (Sacharow und Helsinki-Gruppen), der DDR (Friedens- und Menschenrechtsbewegung) und der Bundesrepublik sowie Greenpeace. Erweitert um die siegreichen Revolutionen 1989 und 1991 in Osteuropa. Von Rainer Hildebrandt mit einem Vorwort von Lew Kopelew.

10,50 € / ISBN 3-922484-33-6

Alexandra Hildebrandt (Hg./*Ed.*)

Deutsche Nachkriegsgeschichte in ausgewählten Aufsätzen von Rainer Hildebrandt 1949-1993
Mit einem Vorwort von Hans-Dietrich Genscher

German Post-War History in Selected Articles by Rainer Hildebrandt 1949-1993
Foreword by Hans-Dietrich Genscher

192 S., 235 Abb.; die Publikation vereinigt eine Auswahl von 50 Aufsätzen von Rainer Hildebrandt, die kontinuierlich in der Tagespresse in den Jahren 1949 bis 1993 erschienen sind und einen Überblick geben von den sowjetischen NKWD-Lagern über politische Haft in der DDR, den Volksaufstand vom "17. Juni" 1953, die Flucht aus der DDR und den Mauerbau am "13. August" 1961 bis zu den gewaltfreien Bewegungen der achtziger und neunziger Jahre. Der ehemalige Bundesaußenminister Hans-Dietrich Genscher schreibt in seinem Vorwort: "Daß wir heute in Europa am Anfang eines neuen Kapitels der Geschichte stehen, daß heute in Europa eine neue Kultur des Zusammenlebens möglich ist, die sich in der Ebenbürtigkeit der Völker und deren Gleichberechtigung begründet, verdanken wir nicht zuletzt Menschen wie Rainer Hildebrandt."

10,20 € / ISBN 3-922484-42-5
engl. 10,20 € / ISBN 3-922484-45-X

Alexandra Hildebrandt

Ein Mensch - Rainer Hildebrandt. Begegnungen

96 S., 94 größtenteils farbige Abb., darunter 23 Dokumente. Das Buch schildert das ereignisreiche Leben von Rainer Hildebrandt: Sohn des Kunsthistorikers Hans Hildebrandt und der Malerin Lily Hildebrandt, Freund und Schüler von Albrecht Haushofer, Widerstandskämpfer gegen die Nazis, Gründer der "Kampfgruppe gegen Unmensch lichkeit", Gründer und Leiter des "Museum Haus am Checkpoint Charlie", Buchautor und Publizist. Ergänzt wird diese Biographie, die erstmalig Tätigkeit und Werk von Rainer Hildebrandt in seiner gesamten Breite nachzeichnet, durch zahlreiche Fotos von Begegnungen in diesen 85 Jahren und mit wichtigen Dokumenten.

5,50 € / ISBN 3-922484-41-7

Eine Welt ohne MAUER

96 S., 94 Abb. in Farbe. Katalog zum gleichnamigen Malwettbewerb des Haus am Checkpoint Charlie, veranstaltet vom Oktober 1997 bis März

1999 in Zusammenarbeit mit UNICEF Deutschland und unter der Schirmherrschaft von Christiane Herzog, von der auch das Vorwort stammt.

5,50 € / ISBN 3-922484-40-9

Wo Weltgeschichte sich manifestiert
Where World History Is Relived in all its Impact

78 S., 77 Abb., zugl. engl.; 71 Entwürfe (davon 25 in Farbe) zur Hauswandbemalung des "Haus am Checkpoint Charlie". Katalog des gleichnamigen Wettbewerbs (1978/79) mit Arbeiten von Gisela Breitling, Peter Foeller, Johannes Grützke, Otto Herbert Hajek, Bernhard Heiliger, Matthias Koeppel, Louis, Wolfgang Nieblich, Karl Oppermann, Siegfried Rischar, Wolf Vostell u.a.

4,00 € / ISBN 3-922484-00-X

ANGELIKA VON STOCKI - Zerfall der Mauer
ANGELIKA VON STOCKI - Fall of the Wall

48 S., 26 Abb. in Farbe, zugl. engl. Aus dem Geleitwort von Prof. Dr. Rita Süssmuth: "Die Photos dokumentieren einerseits, wie die Bevölkerung versuchte, der ... Mauer ihren Schrecken zu nehmen durch Graffiti-Bemalungen; mit dem künstlerischen Element der Überblendung von Stacheldraht und Absperrungsketten läßt die Photographin jedoch gleichzeitig keinen Zweifel an dem freiheitsberaubenden und bedrohlichen Charakter des Bauwerks. Den Zerfall der Mauer dokumentieren Fotos, in die die nach der Öffnung bereits mürbe gewordene Struktur der Mauer mit freiliegenden Armierungsstreben überblendet sind."

5,00 € / ISBN 3-922484-35-2

KURT MÜHLENHAUPT - Maler der Menschenliebe
KURT MÜHLENHAUPT - Painter of Human Love

64 S., 54 Abb. (davon 29 in Farbe), zugl. engl.; eine Auswahl wichtiger Arbeiten und Zitate.Mühlenhaupt ist gezeigt als Mensch, der realisierte, daß er sich als "Original" besser verkaufen ließ. Er freute sich, wie so sein Leben in Schwung kam, und dabei meisterte er die Schwierigkeit, ehrlich und hilfreich zu bleiben. Mit einem Vorwort von Rainer Hildebrandt.

5,10 € / ISBN 3-922484-15-8

LUSICI - Weg-Zeichen
LUSICI - Signs Along the Way

88 S., 83 Abb. (davon 68 in Farbe), zugl. engl.; der Katalog der gleichnamigen Ausstellung im Haus am Checkpoint Charlie (12. Juni bis 7. August 1988) gibt einen erstmaligen Überblick aus dem vielseitigen Werk des 1986 aus der DDR übergesiedelten Künstlers.

20,00 € / ISBN 3-922484-19-0

Matthias Bath

1197 Tage als Fluchthelfer in DDR-Haft

224 S., 12 Abb.; der erste umfassende Bericht eines westdeutschen Fluchthelfers - von der Durchführung der Aktion und ihrem Scheitern, der Untersuchungshaft beim Staatssicherheitsdienst der DDR und der Strafverbüßung bis zum Freitausch: "Dieses Buch von Matthias Bath ist ein Rapport, Rückmeldung ins Leben - kundig, knapp, korrekt." (aus dem Nachwort von W. Krüger).

6,00 € / ISBN 3-922484-17-4

»WIR ÜBER UNS«

103 S., 8 Abb.; Stasi-Angehörige dichten über sich selbst, über ihre Einsamkeit, wie Macht zur Lust wird, Gefühlskälte zur Tugend, und was in ihnen leuchtet. Originalgetreuer Reprint eines MfS-Dokumentes extremer Seltenheit; mit Zeichnungen von Angehörigen der "Kreisarbeitsgemeinschaft Schreibende Tschekisten".

5,00 € / ISBN 3-922484-27-1

Tina Österreich
Ich war RF

360 S.; die Buchstaben RF bedeuten in der Justizsprache der DDR: "Republikflüchtling". Tina Österreich ist eine Frau, die weiß, was das heißt; sie wurde vom Menschen zur Sache, zum Objekt: sie wurde RF. Packend und realistisch schildert sie, wie in der DDR ein Strafprozeß verläuft, was in U-Haft und Strafvollzug passiert, und sie beschreibt bis in die peinlichen Einzelheiten hinein, aber nicht ohne Humor die Jahre im Knast mit Prostituierten, Dieben und anderen "Republikflüchtlingen".

6,00 € / ISBN 3-922484-21-2

Publications of the publishing house Haus am Checkpoint Charlie

Rainer Hildebrandt

Es geschah an der MAUER
It happened at the WALL
Cela s'est passe au MUR

192 p., 227 photos, 19th amended version (1,1000,000 printed copies) plus English, French, Span., Ital.; a picture documentation about the ring of fortifications around West-Berlin, its development from August 13, 1951 to its fall with the most important incidents.

12,50 € / ISBN 3-922484-38-7

Alexandra Hildebrandt

DIE MAUER. Zahlen. Daten
The WALL. Figures. Facts

144 p., 65 photos. This book attempts to summarize the figures and data on the Wall, because it will be a long time before the reappraisal of the GDR can be regarded as completed. Material for the following chapters: Victims of World War II, the division of Germany and Berlin, the Wall and the border in Germany, escape and casualties, organization of the border regime and the State Security, injustice in the GDR, opposition. With a preface by Rainer Hildebrandt.

10,20 € / ISBN 3-922484-43-3
engl. 10,20 € / ISBN 3-922484-46-8

DIE MAUER spricht
THE WALL speaks

64 p., art print, 81 photos (40 of them in color), 7th amended version 1992, avail. also in English; the Fall of the Wall on November 09, 1989 and the opening of Brandenburg Gate in December, and, in addition, the individual development stages of the Wall since 1961, Graffiti, and 9 award-winning contributions (in color) in the competition of ideas "The overcoming of the WALL by Painting on the WALL". With explanations by Rainer Hildebrandt.

9,00 € / ISBN 3-922484-32-8

Der 17. Juni *(June 17)*

244 p., 83 photos; ten eye-witness accounts by persons in different foci of the uprising and supplementary documentary materials and photo-material which so far have not been published. By Rainer Hildebrandt

5,00 € / ISBN 3-922484-05-0

Alexandra Hildebrandt

Geteiltes Deutschland. Grenzschilder
Devided Germany. Border Signs
L'Allemagne separee. Panneaux de delimitation de frontières

80 p., 70 color-photos of signs and 34 documentary photos, avail. also in English and French. From the preface by Alexandra Hildebrandt: "THE WALL was not only geographically dividing, it also divided time. On November 09, 1989 something that was supposedly an utopia became a reality in Germany. THE WALL fell as an historical coronation of the Resistance, from the people's uprising on June 17, 1953 to the Monday demonstrations in Leipzig. Some border signs, taking part in the dramatic events at the German-German border, have found their place in the Haus am Checkpoint Charlie. These and numerous additional signs from the area of the protective powers are collected in this documentation.

5,50 € / ISBN 3-922484-44-1

VON GANDHI BIS WALESA - Gewaltfreier Kampf für Menschenrechte
FROM GANDHI TO WALESA - Nonviolent Struggle for Human Rights
DE GANDHI A WALESA - Lutte non-violente pour les Droits de l'Homme

304 p., 369 photos, also avail. in English and French (separate textbooks in Ital. and Russ.); Gandhi as the creator of the principles of the non-violent struggle; additional examples from Poland (Solidarity), the CSSR (Carter 77), the USA (Martin Luther King), the USSR (Sakharov and Helsinki Groups), the GDR (Peace and Human Rights Movement), the Federal Republic of Germany and Greenpeace. Extended by the victorious revolutions 1989 and 1991 in Eastern Europe. By Rainer Hildebrandt with a foreword by Lev Kopelev.

10,50 € / ISBN 3-922484-33-6

Alexandra Hildebrandt (Hg./*Ed.*)
Deutsche Nachkriegsgeschichte in ausgewählten Aufsätzen von Rainer Hildebrandt 1949-1993
Mit einem Vorwort von Hans-Dietrich Genscher
German Post-War History in Selected Articles by Rainer Hildebrandt 1949-1993
Foreword by Hans-Dietrich Genscher

192 p., 235 photos; the publication is a collection of 50 articles by Rainer Hildebrandt which regularly appeared in the daily press during the years 1949 to 1993 and provide an overview of the Soviet NKVD-camps on political arrest in the GDR, from the people's uprising of "June 17", 1953, escapes from the GDR and the construction of the Wall on "August 13", 1961 to the non-violent movements of the eighties and nineties. The former Foreign Minister Hans-Dietrich Genscher wrote in his foreword: "The fact that today, in Europe, we stand at the beginning of a new chapter in history and that a new culture of living together has now become possible in a Europe founded upon the equality of birth and of rights is, not least, due to people like Rainer Hildebrandt".

10,20 € / ISBN 3-922484-42-5
engl. 10,20 € / ISBN 3-922484-45-X

Alexandra Hildebrandt

Ein Mensch - Rainer Hildebrandt. Begegnungen
(A Man - Rainer Hildebrandt. People Rainer Hildebrandt has met with in his life)

96 p., 94 photos most of them in color, among them 23 documents. The book describes the eventful life of Rainer Hildebrandt, son of the art historian Hans Hildebrandt and the painter Lily Hildebrandt, friend and student of Albrecht Haushofer, resistance fighter against the Nazis, founder of the "Ac-

tion Group against Inhumanity". Founder and Director of the "Museum Haus am Checkpoint Charlie", book author and publisher. This biography which for the first time follows up on the activities and work of Rainer Hildebrandt in its entire breadth is supplemented by many photos of people he has met in 86 years and by important documents.

5,50 € / ISBN 3-922484-41-7

Eine Welt ohne MAUER
(A World without WALL)

96 p., 94 color photos. Catalogue to the Painting Competition of the Haus am Checkpoint Charlie, organized from October 1997 to March 1999 in cooperation with UNICEF Deutschland and under the patronage of Christiane Herzog who also contributed the foreword.

5,50 € / ISBN 3-922484-40-9

Wo Weltgeschichte sich manifestiert
Where World History Is Relived in all its Impact

78 p., 77 photos, also avail. in English; 71 drafts (25 of them in color) of paintings on house walls of the (Border-) "Haus am Checkpoint Charlie". Catalogue for the competition with the same name (1978/79) with works from Gisela Breitling, Peter Foeller, Johannes Grützke, Otto Herbert Hajek, Bernhard Heiliger, Matthias Koeppel, Louis, Wolfgang Nieblich, Karl Oppermann, Siegfried Rischar, Wolf Vostell and others.

4,00 € / ISBN 3-922484-00-X

ANGELIKA VON STOCKI - Zerfall der Mauer
ANGELIKA VON STOCKI - Fall of the Wall

48 p., 26 color-photos, also avail. in English. From the preface by Prof. Dr. Rita Süssmuth: "The photos document on the one hand how the population tried, by means of Graffiti paintings, to remove the fear of the Wall; however, with the artistic element of the blending over of barbed wire and blockade chains the photographer at the same time does not leave room for doubt as to the freedom-depriving and threatening character of the con-

struction. The decay of the Wall is documented with photos on which the structure of the Wall (with exposed reinforcing rods) which had already become worn down after the opening are blended over."

5,00 € / ISBN 3-922484-35-2

KURT MÜHLENHAUPT - Maler der Menschenliebe
KURT MÜHLENHAUPT - Painter of Human Love

64 p., 54 photos (29 of them in color), also avail. in English; a selection of important works and quotations. Mühlenhaupt is shown as a man who had realized that we was able to sell himself better as an "original". He was happy how this gave his life the right impetus, and that he still mastered the difficulty to stay honest and helpful. With a foreword by Rainer Hildebrandt.

5,10 € / ISBN 3-922484-15-8

LUSICI - Weg-Zeichen
LUSICI - Signs Along the Way

88 p., 83 photos (68 of them in color) also avail. in English; the catalogue to the exhibition with the same name in the Haus am Checkpoint Charlie (June 12 to August 07, 1988) provides for the first time an overview of the multi-facetted work of the artist who came over from the GRD in 1986.

20,00 € / ISBN 3-922484-19-0

Matthias Bath
1197 Tage als Fluchthelfer in DDR-Haft
(1197 Days as an Escape Helper in the GDR)

224 p., 12 photos: the first comprehensive report of a West-German escape helper - about escape help and its failure, about the time he spent in arrest awaiting trial at the State Security Service of the GDR and served his sentence until released to the West in an exchange of prisoners: "This book by Matthias Bath is a report on his return back into life - knowledgeable, concise, correct (from the conclusion of W. Krüger).

6,00 € / ISBN 3-922484-17-4

»WIR ÜBER UNS«
(WE ABOUT OURSELVES)

103 p., 8 photos: Members of the *Stasi* write poetry about themselves, about their loneliness, how power becomes a desire and emotional coldness is regarded as a virtue, and what shines from within them. True-to-original reprint of the *MfS* (Ministry for State Security), an extremeley rare document; with drawings by members of the "District Association of Writing Checkists".

5,00 € / ISBN 3-922484-27-1

Tina Österreich
Ich war RF
(I as an 'RF'/Escapee from the GDR)

360 P; in the legal terminology of the GDR, the letters RF stand for *"Republikflüchtling"* (Escapee from the Republic): Tina Österreich is a woman who knows what this means: From a human being she became a thing, an object: she became an *RF*. Her description of how criminal trials proceed in the GDR, what happens in arrest awaiting trial and in prison is thrilling and realistic to read; and she describes the years as a prisoner in the GDR together with prostitutes, thieves, and other "escapees from the GDR" down to the most embarrassing details, but not without humor.

6,00 € / ISBN 3-922484-21-2

Rainer Hildebrandt

Es geschah an der MAUER
It happened at the WALL
Cela s'est passe au MUR

192 p. 227 ill.,19ième édition augmentée 2000 (jusqu'alors 1.100.000), également en anglais, français, espagnol, italien; une documentation en images de la zone interdite autour de Berlin (Ouest), son développement à partir du 13 août 1961 jusqu'à la chute avec les plus importants événements.

12,50 € / ISBN 3-922484-38-7

Alexandra Hildebrandt

DIE MAUER. Zahlen. Daten
The WALL. Figures. Facts
(Le MUR, Chiffres, Données)

144 p., 65 ill. Ce livre est l'essai de rassembler les chiffres et données relatifs au Mur parce qu'il prendra encore beaucoup de temps avant que le compte rendu analytique de la RDA puisse être considéré comme accompli. Matériel pour les chapitres suivants: victimes de la Deuxième Guerre mondiale, division de l'Allemagne et de Berlin, Mur et frontière interallemande, fuite et morts, organisation du régime de frontière et de la Sécurité de l'Etat, injustice dans la RDA, opposition. Avec une préface de Rainer Hildebrandt.

10,20 € / ISBN 3-922484-43-3
engl. 10,20 € / ISBN 3-922484-46-8

DIE MAUER spricht
THE WALL speaks
(Le MUR parle)

64 p., impression d'art, 81 ill. (dont 40 en couleurs), 7ième édition complétée 1992, également en anglais; la chute du Mur le 9 novembre 1989 et l'ouverture de la porte de Brandebourg en décembre, et en plus les différentes phases de développement du Mur depuis 1961, des graffitis et 9 contributions couronnées (en couleurs) du concours d'idées „Victoire remportée sur le MUR par les peintures au MUR". Avec des explications de Rainer Hildebrandt.

9,00 € / ISBN 3-922484-32-8

Der 17. Juni
(Le 17 juin)
224 p., 82 ill.; dix rapports de l'événe-ment vécu de personnes dans de différents centres du soulèvement ainsi que du matériel documentaire additionnel et du matériel photographique non publié jusqu'alors. De Rainer Hildebrandt.

5,00 € / ISBN 3-922484-05-0

Alexandra Hildebrandt

Geteiltes Deutschland.
Grenzschilder
Devided Germany.
Border Signs
L'Allemagne separee.
Panneaux de delimitation de
frontières

80 p., 70 ill. en couleurs de panneaux, de plus 34 photos documentaires, également en anglais, français. De la préface d'Alexandra Hildebrandt: „Le MUR divisait non seulement l'espace mais également le temps. Le 9 novembre 1989 une utopie présumée devint réalité en Allemagne. La chute du MUR fut le couronnement historique de la résistance, de l'insurrection du 17 juin 1953 aux démonstrations du lundi à Leipzig. Quelques panneaux frontière assistant aux événements dramatiques à la frontière germano-allemande ont trouvé leur place dans le Haus am Checkpoint Charlie. Ceux-ci et d'autres panneaux des puissances protectrices sont collectionnés dans cette documentation.

5,50 € / ISBN 3-922484-44-1

VON GANDHI BIS WALESA
- Gewaltfreier Kampf für
Menschenrechte
FROM GANDHI TO WALESA
- Nonviolent Struggle for Human
Rights
DE GANDHI A WALESA
- Lutte non-violente pour les Droits
de l'Homme

304 p., 369 ill., également en anglais, français (des livrets de texte séparés en italien et en russe); Gandhi en tant que créateur des principes de la lutte pacifique; de plus des exemples de la Pologne (Solidarnosc), de la CSSR (Charte 77), des Etats-Unis (Martin Luther King), de l'URSS (Sacharov et groupes Helsinki), de la RDA (mouvement de la paix et des droits de l'homme) et de la République fédérale ainsi que de Greenpeace. Complétés par les révolutions victorieuses de 1989 et 1991 dans l'Europe de l'Est. De Rainer Hilde-brandt avec un avant-propos de Lew Kopelew.

10,50 € / ISBN 3-922484-33-6

Alexandra Hildebrandt (Hg./*Ed.*)

Deutsche Nachkriegsge-
schichte in ausgewählten
Aufsätzen von Rainer
Hildebrandt 1949-1993
Mit einem Vorwort von Hans-Dietrich Genscher
German Post-War History in
Selected Articles by Rainer
Hildebrandt 1949-1993
Foreword by Hans-Dietrich Genscher

(Histoire allemande d'après-guerre dans des articles sélectionnés de Rainer Hildebrandt 1949-1993.
Avec une préface de Hans-Dietrich Genscher)

192 p., 235 ill.: la publication rassemble une sélection de 50 articles de Rainer Hildebrandt publiés en continu pendant les années 1949 à 1993 dans la presse quotidienne et donnant une vue d'ensemble des camps soviétiques du NKWD, de la détention politique en RDA, de l'insurrection du 17 juin 1953, de la fuite de la RDA et la construction du Mur le 13 août 1961 jusqu'aux mouvements pacifiques des années quatre-vingt et quatre-vingt-dix. Hans-Dietrich Genscher, ancien ministre des affaires étrangères, écrit dans son avant-propos: „ C'est surtout grâce à des hommes tel que Rainer Hildebrandt qu'aujourd'hui en Europe nous nous trouvons en face d'un nouveau chapitre de l'histoire, qu'aujourd'hui en Europe une nouvelle culture de la vie commune est possible fondée sur l'égalité des peuples et leur égalité des droits."

10,20 € / ISBN 3-922484-42-5
engl. 10,20 € / ISBN 3-922484-45-X

Alexandra Hildebrandt

Ein Mensch - Rainer Hilde-
brandt. Begegnungen
(Un homme – Rainer Hildbrandt.
Rencontres)

96 p., 94 ill. pour la plupart en couleurs, dont 23 documents. Le livre peint la vie mouvementée de Rainer Hildebrandt: fils de l'historien d'art Hans Hildebrandt et de la peintre Lily Hildebrandt, ami et élève de Albrecht

Haushofer, résistant contre les nazis, fondateur du „groupe pour la lutte contre l'inhumanité", fondateur et directeur du „Museum Haus am Checkpoint Charlie", auteur et journaliste. Cette biographie qui décrit pour la première fois les activités et l'œuvre de Rainer Hildebrandt dans toute sa diversité est complétée par de nombreuses photos de rencontres durant ces 85 années passées et par des documents importants.

5,50 € / ISBN 3-922484-41-7

Eine Welt ohne MAUER
(Un monde sans MUR)

96 p., 94 ill. en couleurs. Catalogue du concours de peinture du même nom du Haus am Checkpoint Charlie, réalisé du mois d'octobre 1997 au mois de mars 1999 en collaboration avec l'UNICEF allemande et sous le patronage de Christiane Herzog qui a également rédigé l'avant-propos.

5,50 € / ISBN 3-922484-40-9

Wo Weltgeschichte sich manifestiert
Where World History Is Relived in all its Impact
(Où l'histoire universelle se manifeste elle-même)

78 p., 77 ill., également en anglais; 71 ébauches (dont 25 en couleurs) pour la peinture murale de la maison (frontière) „Haus am Checkpoint Charlie". Catalogue de la compétition du même nom (1978/79) avec des œuvres de Gisela Breitling, Peter Foeller, Johannes Grützke, Otto Herbert Hajek, Bernhard Heiliger, Matthias Koeppel, Louis, Wolfgang Nieblich, Karl Oppermann, Siegfried Rischar, Wolf Vostell et autres.

4,00 € / ISBN 3-922484-00-X

ANGELIKA VON STOCKI - Zerfall der Mauer
ANGELIKA VON STOCKI - Fall of the Wall
(ANGELIKA VON STOCKI Déclin du Mur)

48 p., 26 ill. en couleurs, également en anglais. De la préface de Prof. Dr. Rita Süssmuth: „Les photos documentent d'une part comment la population a essayé de prendre au Mur son effroi moyennant des peintures Graffiti, cependant à l'aide de l'élément artistique du fondu enchaîné de fil barbelé et de chaînes de barrage la photographe ne laisse planer aucun doute que le caractère de cet ouvrage soit menaçant et privant la liberté. Le déclin du Mur est documenté par des photos dans lesquelles est effectué un fondu enchaîné de la structure du Mur déjà usée après l'ouverture avec des traverses d'armature non-protégées."

5,00 € / ISBN 3-922484-35-2

KURT MÜHLENHAUPT - Maler der Menschenliebe
KURT MÜHLENHAUPT - Painter of Human Love
(Kurt Mühlenhaupt- Peintre de l'amour des hommes)

64 p., 54 ill. (dont 29 en couleurs), également en anglais; une sélection d'œuvres importantes et de citations. Mühlenhaupt est présenté comme un homme qui réalisait qu'il pouvait mieux se vendre comme „original". Il se réjouissait de l'entrain gagné dans sa vie et maîtrisait la difficulté de rester honnête et secourable. Avec une préface de Rainer Hildebrandt.

5,10 € / ISBN 3-922484-15-8

LUSICI - Weg-Zeichen
LUSICI - Signs Along the Way
(LUSICI - Signes le long du chemin)

88 p. 83 ill. (dont 68 en couleurs), également en anglais; le catalogue de l'exposition du même nom au Haus am Checkpoint Charlie (12 juin au 7 août 1988) donne pour la première fois une vue d'ensemble de la vaste œuvre de l'artiste émigré de la RDA en 1986.

20,00 € / ISBN 3-922484-19-0

Matthias Bath
1197 Tage als Fluchthelfer in DDR-Haft
(1179 jours en prison en RDA comme passeur)

224 p., 12 ill.: le premier rapport complet d'un passeur ouest-allemand – de l'exécution de l'action et de son échec, de la détention préventive auprès du Service de la sûreté intérieure de l'Etat de la RDA et de l'accomplissement de la peine jusqu'à l'échange de prisonniers pour regagner la liberté: „Ce livre de Matthias Bath est un rapport, un retour dans la vie – connaisseur, concis, correct." (épilogue de W. Krüger).

6,00 € / ISBN 3-922484-17-4

»WIR ÜBER UNS«
(NOUS SUR NOUS-MÊMES)

103 p., 8 ill.: des membres de la *Stasi* font des poèmes sur eux-mêmes, sur leur solitude, comment le pouvoir se transforme en plaisir, l'insensibilité en vertu et ce qui brille en eux. Réimpression fidèle d'un document du *MfS* (ministère de la sécurité de l'Etat) d'une rareté extraordinaire; avec des peintures de membres du „groupe de travail de district des Tchéquistes écrivains".

5,00 € / ISBN 3-922484-27-1

Tina Österreich
Ich war RF
Tina Österreich:
J'étais une ‚RF' (réfugiée de la République)

360 p. "Dans la terminologie judiciare de la RDA les lettres RF signifient „Republikflüchtling" (réfugiée de la République). Tina Österreich est une femme qui sait que cela signifie: d'un être humain elle a été transformée en une chose, un objet, elle devenait une RF. Elle décrit d'une manière captivante et réalistique le déroulement d'un procès pénal en RDA, ce qui se passe dans la détention préventive et dans le régime pénitentiaire, et elle décrit dans tous les détails embarrassants mais non pas sans humour les années passées à la prison avec des prostituées, des voleurs et d'autres réfugiées de la République".

6,00 € / ISBN 3-922484-21-2

Bildnachweis/Origin/Origine

Wir danken zahlreichen Fotografen und Fotoagenturen für die kostenfreie bzw.
kostengünstige Überlassung von Fotos:

We owe thanks to numerous photographers and photographic agencies for
letting us have the photographs free of charge or at favourable conditions:

Nous remercions de nombreux photographes et d'agences photos de nous avoir
donné gratuitement les photos ou à des conditions favorables:

Albertz, Albrecht, American Heritage, AP, Bera, Bier, Bildarchiv Heinrich von
der Becke im Sportmuseum Berlin, Bild-Zeitung, Breitenborn, Bundesbildstelle,
Burmeister, BZ/Becher, BZ/Paulenz, BZ/Thierlein, dpa, Frank, Gesamtdeutsches
Institut, Heller, Jung, Jurisch, Kindermann, Landesbildstelle, Lehnartz, Minehan,
Peters, Sakowitz, Schirner, Schnürer, Springer/PEEWEE, Stark-Otto, Stern,
Sticha, Ullstein Bilderdienst, VFWD, Waidmann, Wiener/M.Kreissl.